Vous avez le droit d'être de mauvaise humeur

mais prévenez les autres !

AU DIABLE VAUVERT

Céline Robinet

Vous avez le droit d'être de mauvaise humeur

mais prévenez les autres !

Au diable vauvert
La Laune 30600 Vauvert
www.audiable.com
contact@audiable.com

Catalogue disponible sur demande

À Gauner

Sommaire

Coup de pompe funèbre

Sur la jambe. C'est sur la jambe qu'elle était. Ou plus exactement sur le mollet. Une belle trace noire aux contours bien délimités. Parfaite. Graisse noire sur graisse blanche. Fine comme de la dentelle de Valenciennes. Tellement fine qu'elle en devenait érotique. Comme un bonzaï, un chaton ou un minuscule chausson de bébé.

Comment c'est arrivé ? C'est simple. Je venais de perdre le protège-chaîne de mon vélo, depuis je graissais tous mes bas de pantalon. Ce jour-là, j'avais pensé à retrousser le côté droit et j'avais roulé comme d'habitude jusqu'à l'institut (j'étais même arrivée en avance sur mon retard habituel). Le soir en rentrant chez moi, j'ai enlevé mon pantalon. Sur mon mollet droit, la réplique exacte de la chaîne. Une reproduction magnifique. Avec des petits ronds et des ondulations. Délicates comme des tripes à la mode de quand j'étais petite et que je n'étais pas encore dégoûtée par les tripes à la mode de Caen. J'ai hésité à la laver. La graisse, c'est comme la mauvaise humeur, pour s'en débarrasser, il vaut mieux l'ignorer.

Je l'ai laissée.

Je la regardais souvent. Elle me fascinait. Elle éveillait en moi de drôles de choses. Des sensations étranges et, pourquoi le cacher, un peu érotiques. Peut-être parce qu'elle se trouvait à l'intérieur de la jambe et que pour la voir, il fallait que j'ouvre la cuisse. Ou parce que la chaîne m'avait touchée sans que je le veuille. comme un viol. une grosse patte graisseuse de mécanicien sur ma chair nue. Ou encore parce qu'elle était fine comme un bas résille. une grille. qui enferme. mais laisse deviner. dévoile. propose même. nie mon innocence. et me rend un peu pute. Oui, elle était bien érotique cette trace.

En la regardant plus attentivement, je me suis rendu compte qu'elle ressemblait à une fermeture éclair. L'érotisme est devenu évident.

Un métal fin fermé sur le sexe. fermé pour du faux. fermé mais ouvrable. zigzag argenté et ziiiiiiip, même le bruit est sensuel. surtout dans l'obscurité. lentement… quand la main tâte… cherche… fébrile… trouve et ouvre…. ziiiiiP… la braguette raye l'obscurité, déchire un éclair dans la nuit, tranche avec l'épaisseur du jean. gros jean ouvert par fine fente de métal denté. dentelé. lèvres entre les jambes. béantes… Le sexe étant juste derrière, palpitant et prêt à sortir, qu'y a-t-il de plus sensuel qu'une braguette ?

Le mot même est érotique : *Bra – guette*… *B* d'abord. réunion de deux lèvres. bouche. puis gorge. « *raaa* ». qui roule et qui racle. râle. enfin *guet'*, sensualité innocente de l'enfance et de l'adolescence. promesse naïve. on joue. on se soustrait. pirouette. on excite sans le savoir.

Et cette braguette sur mon mollet, cette fermeture en un éclair aperçue, je l'ai ouverte.

Tout devant, j'y ai trouvé un lot de rustines et un tube de colle instantanée rangés dans une petite boîte en plastique rouge. Puis une burette d'huile, des pansements, une lampe de poche, une boussole et une trousse de première nécessité. Dans le fond, roulée en spirale, une chambre à air et quelques outils – un tournevis cruciforme, une clé anglaise (pour le thé), une autre à mollette (pour les œufs) ainsi que toute une série de vis, de boulons et de clous. Enfin, une pompe à vélo noire et dorée…

Tout d'abord : ???

Puis j'ai compris le concept de richesse intérieure. Quand on dit que ce n'est pas la beauté qui compte. J'imagine que tout le monde a quelque chose comme ça. Pas forcément des trucs de vélo mais des trucs dont les gens ont besoin. Des trucs qui leur sont propres.

Mais je ne suis pas sûre que tout le monde le sache.

En tout cas, je pouvais être fière de moi. Tout était en parfait état. Et bien propre. Après m'en être assurée, j'ai tout remis à sa place. C'est important l'ordre.

Et puis ça pouvait toujours me servir. C'est vrai. J'ai toujours adoré rouler à vélo. Le vélo, ça allie à merveille le sentiment de sécurité que procure la terre et la liberté de la glisse. En plus, c'est sensuel. Cette selle à la forme phallique, au cuir bien rembourré. doux. chaud. dur. sous mes fesses et entre mes cuisses. J'aime aussi le bruit de la chaîne qui s'égrène à chaque coup de pédale grrrrrrrr comme un criquet ou la roulette du casino. Même en ville, la bicyclette est bucolique, on se croirait à la campagne. Le garde-boue et le porte-bagages tressautant à chaque bosse du terrain. Le soir, phare allumé, la dynamo frotte sur le caoutchouc et grésille, nous accompagne, lumière plus ou moins forte selon nos coups de pédales, lumière réchauffante, bienveillante… bien-veilleuse…

Le jour où j'ai découvert les trésors enfouis à l'intérieur de mes jambes, j'ai eu un but. Je ne roulais plus à l'aveuglette. Le chemin se dessinait devant moi, clair, précis. Je n'avais plus à m'inquiéter de rien. Ni de tomber. ni de crever. ni qu'il fasse noir. ni que ni que. Tout ça n'était pas dû au hasard. J'avais des guiboles en or. J'étais faite pour la carrière cycliste !

J'ai commencé à m'entraîner. à m'entraîner. et à m'entraîner encore. Du soir au matin et vingt-quatre heures par nuit. Je ne vivais plus que par et pour mon vélo. Je n'avais plus qu'un objectif en tête : devenir la plus grande cycliste de tous les temps. J'ai banni les trajets de plus de deux cents kilomètres pour ne pas être obligée de prendre la voiture, le train ou l'avion. Je me suis acheté un vélo d'appartement pour pouvoir m'entraîner en regardant la télévision. Chris me traitait de folle. Moi je trouvais qu'elle avait du culot. Môdame passait son temps à la pêche, ça faisait des mois qu'on n'avait pas passé une soirée ensemble parce qu'elle se couchait avec les poules pour pouvoir se lever à 4 heures du matin et être la première sur le plan d'eau et MOI je ne pouvais pas monter mon vélo pendant la nuit ?

Je l'ai ignorée.

D'ailleurs, après des mois d'entraînement, mon acharnement a porté ses fruits. Je me souviens encore de ma première course. C'était le 24 février 1977. Liège-Bastogne-Liège. Personne ne me connaissait. Eddy Merckx et Jeannie Longo avaient de bonnes chances mais le favori était Bernard Hinault. On commençait aussi à parler d'un blond qui venait de remporter le Dauphiné Libéré, Laurent Fignon.

C'est moi qui ai gagné.

Francis Pélissier, directeur de *La Perle*, m'a immédiatement proposé de rejoindre son équipe. Une petite jeune venue de nulle part qui battait les professionnels, ça avait de quoi épater. Surtout une femme. Francis m'a avoué plus tard qu'il était tombé sous le charme en m'entendant dire, dans une interview juste après la course, que la première chose que j'allais faire en rentrant chez moi serait de laver mon linge.

Ensuite tout a été très vite. Paris-Nice. Tour de la Manche. Grand prix des Nations. Grand prix de Lugano. Trophée Baracchi (ex aequo avec Louison Bobet). Critérium des As. Tour de Sardaigne. Super Prestige Pernod… Le 24 février 1980 (ironie des dates), j'ai battu le record du monde : 47,493 km/h ! Rien ne m'arrêtait. J'avais des mollets en béton et une confiance inébranlable. Mes supporters venaient des cinq coins de l'Hexagone crier sur mon passage « AN-QUE-TELLE, AN-QUE-TELLE ! » Quand je participais à une course, la presse sportive consacrait plus de pages au cyclisme qu'au football. On m'appelait « Sœur Jacqueline », on me surnommait « la Maîtresse »…

Ça ne devait pas s'arrêter là. En 1981, l'Association des coureurs professionnels me demandait d'assurer sa présidence. À moi, qui avais débuté quatre ans plus tôt ! L'année suivante, je devenais membre du comité directeur de la Fédération française de cyclisme. La même année, j'étais nommée directrice de course dans Paris-Nice. Puis DIRECTRICE SPORTIVE DE L'ÉQUIPE DE FRANCE PROFESSIONNELLE !

Mais comme un bonheur n'arrive jamais seul.

Chris commençait à devenir jalouse. Elle me disait qu'elle ne supportait plus les photographes partout sur notre passage et puis que surtout, j'attrapais la grosse tête. La grosse tête ? J'avais toujours abordé le succès avec modestie. Je ne reniais pas mes origines, j'acceptais toutes les interviews, je répondais au courrier des supporters. Je lui ai répondu que ça devait être elle qui me gonflait. Elle est partie en claquant la porte.

Alors je me suis observée (je ne voulais pas croire qu'elle était seulement jalouse).

J'ai vu qu'elle avait raison.

Je commençais à attraper une tête ronde et plate, mes fesses partaient vers l'arrière, mes bras se raidissaient. J'avais l'air d'une amphore. Parallèlement à ça, je développais une capacité pulmonaire inouïe : je pouvais inspirer et expirer d'un seul coup des litres et des litres d'air et rester sous l'eau plus que le temps réglementaire (quarante-sept minutes et dix-huit secondes). Et puis j'étais devenue nyctalope. Aucun garçon ne pouvait soutenir mon regard. J'avais, selon eux, des yeux trop brillants. Dérangeants.

Tous les indices concordaient : j'étais en train de me changer en vélo ! Un vélo unique, possédant en lui tous les outils pour le nettoyer et le réparer, le démonter et le remonter. Et surtout, un vélo qui serait *son propre cycliste* !

Je suis immédiatement allée avertir Chris. Je lui ai dit que je savais ce qui m'arrivait, je voulais qu'elle revienne à la maison. Elle m'a dit que je devenais com-plè-te-ment folle. Qu'on n'avait jamais vu une femme se transformer en vélo. Je lui ai dit que si. Que d'ailleurs, elle, était en train de se transformer en canne à pêche, et que vu ses yeux globuleux, elle avait de la chance de ne pas se changer en poisson. Elle est restée muette comme une carpe. Puis elle a piqué une crise. Elle a jeté un vase par terre, a gueulé que c'était le bouquet, m'a foutue dehors. Franchement, ça m'a étonnée. Je ne savais pas qu'elle pouvait s'énerver comme ça (elle a toujours l'air si posée). Ça faisait longtemps qu'on n'avait pas fait l'amour, ça devait être ça (si elle ne passait pas tout son temps à la pêche, aussi...)

Comme j'avais besoin de partager mon enthousiasme, je suis allée voir papa et maman pour leur annoncer la bonne nouvelle. Maman m'a prise dans ses bras en pleurant et papa m'a dit que ce n'était pas normal à mon âge d'avoir un vélo dans la tête. Comme si c'était normal pour un homme de 50 ans de dormir avec son tablier de cuisine! Parce que lui, oui. Le reste du temps, il le passe à préparer des tonnes de bouffe qu'il finit par jeter parce que maman ne peut pas manger plus de huit fois par jour. Ça ne le dérange pas. Il continue à lui farcir ses tomates, à empiler ses lasagnes et à rater ses gâteaux au yaourt. Parce qu'en plus, il ne fait rien d'exceptionnel. Que de la bouffe normale. Et il vient me dire que JE ne peux pas me transformer en vélo ! Pour comble, il me regarde avec ses grands airs de petit cuisinier et me sert pendant des heures ses sermons qui ne veulent rien dire. Une cuillère en bois en guise de langue, mon père, voilà ce qu'il a. Une cuillère en bois avec le manche bien enfoncé dans la gorge !

Mais je m'énerve pour rien.

D'ailleurs, personne ne peut rien contre moi. Ma métamorphose continue. Tous les jours, je deviens un peu plus parfaite. Mes chromes se polissent, mes accessoires s'ajoutent – béquille, rétroviseurs, réflecteurs pour roues et cadre. Le problème, c'est que plus je me perfectionne et moins je deviens performante. Comme si mon corps refusait d'utiliser les capacités qu'il développe. Ça a commencé le jour du Tour d'Italie. Mon guidon venait de prendre sa belle forme de cornes de bouquetin : je me suis trompée de direction dans la dernière boucle et j'ai frisé la victoire. Au Grand Prix de Lugano (avec mes freins tout neufs) : je me suis arrêtée sans explication dans la dernière ligne droite et j'ai terminé 10e. Au Tour de Catalogne (j'étrennais ma sonnette) : j'ai fait peur à un lapin sur le bord de la route et il est venu se jeter directement dans mes roues. Résultat : 18e! J'enchaîne défaites sur défaites. J'ai beau essayer de rester en tête, le peloton se dévide comme une pelote de laine et moi, je reste accrochée au bout du fil à souffler et suer pour essayer de rattraper mon retard. Impossible. La chute est vertigineuse : 32e au Trophée Baracchi, 85e au Grand prix d'Eibar, 251e au championnat du monde à Nürburgring... Le jour du Critérium national de la route (456e au classement général), j'ai expliqué aux journalistes que j'avais attrapé un coup de soleil sur mes rayons et que mes joues n'étaient pas bien gonflées. Enfin... c'est ce que j'aurais expliqué si quelqu'un me l'avait demandé. Mais ça n'intéressait personne. Quand les médecins du Tour de France ont détecté des traces d'anabolisants dans ma selle, ça a été le coup de grâce. Mes derniers supporters m'ont laissée tomber. Francis m'a dit : « On ne peut pas te garder, gamine, tu comprends, t'as l'air crevée... » Il n'osait pas me regarder dans les yeux.

Mes parents m'ont dit que je devais passer quelque temps dans un hôpital spécialisé. Je me suis laissé convaincre. J'y suis maintenant depuis huit jours. C'est dur. C'est surtout l'enfermement qui me rouille. Je peux sortir de temps en temps dans le parc, mais en général je dois rester dans la clinique à parler avec des médecins ou à faire des dessins. Pour leur montrer que je vais mieux. Je m'ennuie. J'aimerais sortir, faire claquer mon porte-bagages, me dégourdir les jantes. Et puis des fois, je n'ai plus envie de me battre. Je vois tous les jours des infirmiers transformés en télécommande, en levier de vitesses ou en ballon de foot et des malades en forme de disquette ou de tire-bouchon. Est-ce que je me suis trompée sur toute la ligne ? Après tout, ils ont peut-être raison. Finie la folie des grandeurs. Je ne suis pas un vélo.

Non.

Je suis juste une pédale,
une vulgaire pédale…

Il n’y a pas de fumée sans cancer

Bien mâcher... surtout, bien mâcher... ah, on peut dire que j'ai la conscience professionnelle... parce que je DÉTESTE la viande sanglante !... ça me dégoûte !... oh, j'arriverai jamais à l'avaler... un pavé entier truffé de caillots... bien mâcher... surtout... bien mâcher... vous avez remarqué (oui, je sais, on ne parle pas la bouche pleine)... comment on exprime la cuisson de la viande ?... selon la quantité de sang... pourquoi pas en temps de cuisson ou en degré de chaleur ? On pourrait commander un bifteck *trois minutes*, par exemple, ou une côtelette *200 °C* ? Mais non, on commande un steak *saignant*... pour rappeler l'animal qu'on égorge ? Ou quand il est encore tout gorgé de sang, on l'appelle *bleu*. C'est joli ça, *bleu*. Pis c'est propre... Ils veulent nous faire croire qu'il avait du sang bleu, le bœuf ? C'était un baron, peut-être ? Peu importe, allez... mâchons... une gorgée... de vin... pour faire descendre... tout ça... hop, avalé !

Opération réussie.

Steak saignant, tomates provençales, betteraves et fraises en dessert. Le tableau de cet après-midi sera rouge. Redoutable. Merveille de dégradés dégradants. À peine plus rouge que des tripes à la mode de haut-le-cœur. Vermeilleux, oui, vermeilleux !

Car je suis peintre. Et tous les jours, ou presque, je peins. Je peins comme d'autres repeignent les toilettes. Je dépose sur le sol une toile préalablement enduite de colle, j'appuie les mains des deux côtés du cadre et, la tête en bas, je vomis.

J'appelle ça « Art bouffi ». Ça a l'air simple, mais ce n'est pas humain. Le soir, j'ai une de ces haleines de phoque ! Et puis je sue comme un porc. Et j'ai une faim de loup. Mais je suis prête à tout. Même à accepter la trachée qui brûle et l'estomac qui s'aigrit. Le plus important en peinture, c'est d'avoir un bon rendu. Ce qu'il y a de bien avec cette méthode, c'est que mes tableaux ont du goût (et entre nous, plus que mes clients). Et puis les restes de vomi dans le fond de la gorge et entre la joue et la gencive, je les crache pour compléter le tableau. vise. atteins un endroit stratégique. Là, par exemple, le petit cercle qui entoure le bout de betterave et le grain de tom… LE GRAIN DE TOMATE ! UNE TOUCHE DE VERT QUI RUINE TOUT MON TABLEAU !

Il faudra que je pense à exclure la tomate.

Car mes tableaux ont une cohérence, voyez-vous. Il faut bien qu'un peintre soit reconnaissable. Qu'il ait *une* démarche. *Une* marque de fabrique. Pour moi, c'est *une seule couleur*. Hier, par exemple, c'était un tableau rose (jambon cru, crevettes, pâté de foie). Rose comme le téléphone. D'ailleurs je l'ai appelé *Allo ?* Sous-titre : *Rosaces rosacées rosissent et re-rosissent*. Avant-hier, c'était le vert (pistaches, haricots verts, poireaux, et crottes de nez pour l'odeur). J'ai vomi lentement et c'était beau ! On aurait dit un concombre qui se serait roulé dans du pus. Je l'ai intitulé : *Humus, haricus, on vomit tous*. Et demain, il sera jaune. Soleil d'oseille. Je mangerai du citron, de la moutarde, des jaunes d'œufs et des peaux de bananes.

Il y a un point sur lequel j'aimerais revenir. Il paraît qu'on ne discute pas des goûts des couleurs. Mais si. Discutons-en ! Le goût de l'orange, par exemple, c'est la carotte évidemment. Et puis les potirons, les oranges, le gouda. Le goût du marron : les lentilles, le rôti bien cuit, certains champignons. Le goût du blanc-beige : les asperges, les endives, les oignons, la chair à banane. Le goût du violet : les figues, le haut des navets, le chou rouge, le raisin noir (eh oui).

Le problème, c'est pour certaines couleurs. Le gris par exemple. Au début, je mangeais des souris. Mauvaise idée. Ces petits rongeurs n'ont de gris que le poil, leur chair est blanche comme celle d'un poulet. Alors je mâche du tabac gris et mords la poussière à pleines dents que j'avale avec des litres d'eau. Pas très pratique. Pareil pour le bleu. Je suis très fleurs bleues – mais elles ne poussent pas partout. Et puis difficile d'être romantique en offrant une gerbe de bleuets.

Alors je l'avoue, parfois je triche un peu… je rajoute de la peinture. Et parfois même, je n'utilise *que* de la peinture. Je sais que ce n'est pas très original – tous les peintres ont utilisé de la peinture au moins une fois dans leur vie. Mais... eh bien oui : j'adore le goût de la gouache ! C'est pâteux, ça mouille, c'est sensuel. Et de la peinture à l'eau aussi. Ces petites pastilles rondes qui fondent dans la bouche. Moi, je finis toujours par les croquer (aucune volonté). La peinture à l'huile d'olive n'est pas mal non plus. D'ailleurs, pour ma prochaine œuvre, elle sera à l'honneur. Je vais réaliser une Quintilogie. Oui, une QUIN-TI-LO-GIE ! Cinq tableaux inspirés de l'actualité. En l'occurrence, de la réunion qui a eu lieu à Bonn fin novembre 2001 sur l'avenir de l'Afghanistan. Elle s'appellera *Les Couleurs d'un conflit.* C'est beau, non ? J'ai lu dans le journal que tous les participants à la conférence portaient un badge de couleur différente suivant leur statut. Les Afghans avaient un badge bleu. Les observateurs, un badge rose. Les représentants de l'ONU et les Allemands, un rouge. La sécurité, un orange, et le personnel hôtelier, un gris. Bleu, rose, rouge, orange, gris. Un tableau pour chaque couleur !

Je me demande tout d'un coup si ces couleurs ont une valeur symbolique. Pourquoi ils ont choisi le bleu pour les Afghans par exemple ? Parce qu'on veut les passer au bleu ? Ou parce qu'avec eux, on n'y voit que du bleu ? Et le rose pour les observateurs ? Peut-être parce qu'ils ont l'air inoffensifs mais pourraient bien poser un problème épineux. Ou parce que pour se débarrasser d'un journaliste importun, on le dirige vers les diplomates et les ministres détachés, présents pour répondre aux questions et faire semblant qu'ils savent, c'est-à-dire qu'on l'envoie sur les Roses. Le rouge pour l'ONU et les Allemands, c'est clair. Parce qu'ils sont rouges de honte tous les deux. Les premiers, d'être si inutiles à la solde des États-Unis, les seconds, encore et toujours de leur passé. Ou alors parce qu'ils sont les duègnes de la conférence : les grands chaperons rouges. L'orange pour la sécurité, comme le feu qui prévient le passage au rouge et avertit du danger, halte, stop, on s'arrête ! Ou parce qu'avec leur bzz-bzz électrique, au moindre faux pas, ils peuvent nous envoyer un coup de jus ? Par contre, le gris ?... Peut-être parce qu'on sait bien ce qui se passe en cuisine, quand tout le monde est rentré se coucher. IL SE BOURRE LA GUEULE, le personnel hôtelier ! Bien sûr, ça donne du cul à l'ouvrage.

Ou alors parce que. mais oui. bien sûr. ce sont eux, les subalternes et les commis, les comparses et les soubrettes, la véritable matière de cette conférence, qui pensent à tout et sans lesquels rien ne pourrait avoir lieu : LA MATIÈRE GRISE !

Mouais, possible. En tout cas, je suis dehors dans un champ immense, jaune, avec le ciel blanc par-dessus comme la mousse sur la bière. Un petit vent agite les blés, véritables mouchoirs sur un quai de gare. Je me souviens d'une phrase de mon ami Pavlov : « La couleur des blés n'appartient pas aux peintres, mais aux paysans. » Je détourne le regard. Prépare ma toile. Avale quelques tubes de gouache bleue (trop d'ailleurs, z'en ai foutu partout). Me mets trois pinceaux dans la bouche jusqu'à atteindre la glotte. Et vomis.

Pour me nettoyer l'estomac après le premier tableau, j'ai bu un peu de white-spirit. C'est bon le white-spirit. Hic. Ça chatouille l'esprit. Puis j'ai avalé de la peinture rose (pour les observateurs) et même chose, un peu de white-spirit pour me nettoyer l'estomac, de la peinture rouge, un peu ne white-spirit, ne l'orange, un peu ne white-spirit, et nu gris.

Ça a mis nu temps, mais le résultat vaut la peine. Pavlov m'a nit qu'il aimait meaucoup mon synthétisme. Quelle goguin ! (je sais qu'il faisait allusion à mon soutien-gorge en lycra). En tout cas, on m'a néjà contactée pour la Miennale ne Venise. Je crois que j'irai.

Grâce à mon insomnie ne cette nuit, je me suis aussi rendu compte qu'il s'était passé nes choses étranges nans le champ. À chaque couleur avalée, je me suis *sentie* nifférente. Comme si la couleur que j'avais nans le ventre influait sur mon nétat n'esprit. Je veux nire, quand j'ai mu le mleu nes Afghans, mar exemple, j'ai ressenti une froine ivresse. Comme si j'étais nevenue toute spiritualité et réflexion. Par contre, quand j'ai avalé l'orange, je me suis sentie meaucoup plus joyeuse. Plus expansive. Avec son goût ne rouille et ne terre, j'avais envie ne m'allonger et ne sauter en même temps. Ne m'allonger pour mieux sauter. Ne m'allonger pour ME faire sauter. chaune, oui, j'étais chaune… Avec le rouge, même chose, en plus fort. J'étais remplie n'une énergie vitale némornante et némornée, extrêmement sensuelle : excitée jusqu'à la provocation, voire l'agressivité. Avec le rose, j'étais…

j'étais plus nouce mien sûr, calme. Mais prête au plaisir ne la chair. Nésireuse même ne ce plaisir. Action plus que repos, action reposée. Imperturmamle. Avec le gris, j'étais plus grise. J'ai sounain pensé à mes parents et j'ai eu ne la peine.

Mais comme je vomissais juste après avoir avalé la gouache, et que je muvais nu white-spirit juste après avoir vomi, je n'avais pas le temps ne me rendre compte ne tous ces états. Si je n'avais pas eu cette insomnie…

C'est pour ça que la nourriture est tellement importante ! Ils ont raison ces niététiciens qui nisent qu'il faut avoir une alimentation *variée.* Ne pas seulement manger nu vert, nu marron et nu mlanc-meige, mais aussi nu rouge, nu mleu, nu jaune, ne l'orange, nu violet… ! Maintenant que je le sais, je vais pouvoir m'en servir. À chaque situation, j'aurai l'état n'esprit qui convient. Un nîner en amoureux ? Facile, un mélange ne rouge, n'orange, ne jaune. Sans oumlier une tache ne mleu pour la profonneur. Un rennez-vous n'affaire ? Hop, un peu ne vert et nu jaune n'or. Un concert ? Nu cramoisi et nu noir. Im-ba-ttamle je vais être !

À moins que… à moins que je ne me limite au rouge ? Après tout, elle est monne cette couleur. Et puis elle a une grande charge symphallique. Est-ce que vous saviez qu'en Chine, par exemple, les femmes se marient en rouge ? Et que le palanquin sur lequel montent les époux, ainsi que les portes et les lanternes ne la maison nu marié sont rouges ? Parce que le rouge est le symbole ne la joie, ne la vitalité sexuelle et nu communisme (mais ça, ça n'a rien à voir). Et c'est aussi la couleur nu cinabre, petits cristaux ne mercure et ne soufre que les alchimistes chinois utilisent pour rechercher l'immortalité. Parce que le rouge, c'est l'existence sans cesse réinventée, soleil pourpre ne l'Orient qui naît chaque matin et meurt chaque soir. S'occit à l'Occinent. Enfant né nans le sang, femme saignante chaque mois parce que porteuse ne vie, sang qui ne quitte l'homme que lorsqu'il meurt. Le rouge, c'est tant l'amour que la guerre, le sang nu Christ et la flamme nu Saint-Esprit, le vice, le niable… Mamylone, la grande prostituée, était rouge. Maneleine, la pécheresse, avait les cheveux roux. Rouge rouge rouge ! Je sais que les gens autour ne moi vont avoir nu mal à me suivre. Ils critiqueront ma connuite, mes excès. Peu importe. Je sens que l'esprit nes anciens Chinois me parle, le cinabre s'empare ne moi : je vais nevenir IMMORTELLE !

Ça fait maintenant neux semaines que je mois un coup ne rouge nix-huit fois par jour. Gouache et pastilles n'aquarelle, rien n'autre (je ne veux pas jeter ne la peinture à l'huile sur le feu). Mon fric flambe mais ça fait crépiter mon feu intérieur. Je suis nevenue une vraie torchée ammulante. Je revis. Pis chui amoureuse au plus haut negré. N'un météorologue. Un nur à cuire. Ce qu'il me falot. On s'anore. On s'embrase nurant nes heures avec la langue. Ça trempe mais c'est agréamle. N'ailleurs, j'ai le solvant : après la crémation, je crache la lave presto ne mon expert nes météores. J'ai pernu toute ignition. Je participe à nes spectacles ne rue, je crache nu feu, je tourne nes films pornos pour nous, les femmes. Pis je me suis coloré la crinière en mrune incenniaire. Je suis fière. Mes natures mortes, par contre, je les mrûle. Ne vrais autonafés. Les gens me prient ne leur livrer mon secret, veulent savoir n'où je tire cette énergie incannescente. Viiiiiouuuu !! Elémentaires, mes chers, j'ai arrêté ne fumer. Et puis chez moi, le plaisir, c'est igné. Apprenez que le monheur n'est pas un état n'esprit mais un état nu ventre ! Comprennent pas. Rien à founre ! Là, je vais cracher nu mriquet nans la rue. J'ai apporté mon potiron magique, neux tumes ne peinture, rouille et carmin. Je tète le tume comme nu nentifrice, gome n'un coup, huuuumm, un mrasier qui crépite, au tour nu carmin, aAAAh, un vrai pyro... mais...?? qu'est-ce que... QUELLE HORREUR !!?!?!?!!!... NU VERT !!! NU VERT NANS UN TUME NE CARMIN ??? AAAAHHHH !!! UN VERT N'EAU !!! EN PLEIN... SUR... MON FEU... INTÉRIEUR... PSCHHH... L'ÉTEINT... AARGH !! MERNE... VERT ET ROUGE... COULEURS COMPLÉMENTAIRES... MÉLANGÉES NEVIENNENT MLANC... AARGH... VITE... VOMIR... ! MLANC... LA VRAIE COULEUR NE LA MORT...

M. et Mme Pin ont la couleur
de faire part du décès de leur fille, Sialine.

La jeune fille s'est éteinte.
Peintre d'immenses tableaux,
nous la regretterons un peu.

Feu Sialine sera inhumée
ce jeudi, à 10 h 38.

Ni pleurs ni couronne.

Vous brendrez bien
un bruit en désert ?

Berlin. Capitale de la République fédérale d'Allemagne. Cité des ours, de la love parade et de la saucisse au curry. Ville de la trinité : trois universités, trois opéras, deux fleuves. Ville multiculturelle où présent et passé se conjuguent au futur : dans la gare nouvellement construite en plein cœur de la ville, nœud ferroviaire entre l'Europe de l'Ouest et de l'Est ; sur le demi-œuf en verre posé sur le toit du Reichstag ; dans l'extension du musée de l'Histoire allemande réalisée par l'architecte Pei – le même que la pyramide du Louvre. Et ville qui ne dort pas…

… mais bizarrement ronfle. Oui, ronfle. Jour et nuit. Parce que le bruit n'arrête jamais. Jamais. Jamais. Je ne l'ai pas remarqué tout de suite, ce 💣⚡☠♒💣 de bruit. Il s'était fait discret. Genre ami hypocrite qui profite de la moindre occasion pour vous assassiner dans le dos. Car il était là. Insidieux.

Je viens d'une petite ville de province, vous comprenez. Là-bas, les nuits sont tellement calmes qu'on peut entendre le tic-tac de l'horloge des voisins. Ce qui est considéré après 22 heures comme tapage nocturne. Alors la nuit, on arrête ses pendules et on les remet à l'heure le matin. On respecte la tranquillité des autres, nous. Moi, si un jour je fais un massacre dans une bibliothèque, je mettrai un silencieux à mon flingue. C'est important le calme. Sentir ses nerfs se relâcher et devenir blancs. Les miens, ils sont tout noirs et noués de stress. Mais le pire, c'est que je l'ai cherché. J'habite près de l'Alexander Platz. La plus grande place de Berlin-Est. Juste à côté de la gare. Tellement près que les annonces des trains couvrent le bruit de ma télévision. J'ai été très étonnée la première fois que j'ai entendu le présentateur du journal de 20 heures gueuler : « En voiture s'il vous plaît ! » Je n'ose plus rien faire. Quand je suis devant le frigo, je dois faire « attention à la fermeture automatique des portières ! ». Chaque fois que j'allume une clope, on me rappelle qu'il est interdit de fumer. En plus avec le plan Vigipirate, je suis obligée de jeter mes mégots sous le tapis du salon. Parfois, j'ai l'impression que quelqu'un se fout de ma gueule...

Et s'il n'y avait que les annonces du personnel de gare ! Mais il y a aussi les trains et l'équivalent du TGV, du RER, et puis le métro aérien, le tramway. Ça grince, ça vrombit, ça crie la ferraille. Sur la route à quatre voies, les voitures, les bus, les camions passent iiiiiiiiiiiiiiiiiiiiiiiiiiiiiiiiiiiiiiiiiiiiiiiiiiiiiiiiiiiiiiiiiiiiiiiiiiiiiiiiiiiiiiiiiiiiiiiiiiiiiiiiiiinlassablement devant ma fenêtre. Pour rendre à l'avenir cette route encore plus fréquentable, une armée d'ouvriers manie des marteaux-piqueurs directement devant la porte de mon immeuble. DES MA.A.ARTO.O.O PI.I.IQUEU. EU. EURS ! Mon appartement vibre toute la journée. Je ne dors plus de la nuit. Je suis tellement fatiguée que je pourrais me servir de mes cernes comme soutien-gorge.

Pourquoi on n'a pas de paupières aux oreilles ?

En théorie, moi je n'ai rien contre les grandes villes. La vie pourrait même y être agréable. Ne seraient ses habitants. Berlin, par exemple. Dix lacs (dont un ou deux dans lesquels il est possible que personne n'ait encore pissé). Des centaines de jardins, de parcs, de bois (merveilleux cadre en été pour le concours du plus beau barbecue). Et puis autour de Berlin, pas de banlieue comme à Paris. Non. La nature commence (ou s'arrête, question de perspective) directement aux portes de la ville. Malheureusement, il y a des gens qui y vivent. C'est bien simple, le problème chez la plupart des Berlinois, c'est qu'ils sont berlinois. Désagréables, bougons, toujours de mauvaise humeur. Moi qui étais habituée à l'hypocrisie mielleuse des Français. Mais maintenant je le sais, la caissière de chez Aldi ne me voulait pas de mal lorsque je lui ai demandé où se trouvait le sucre en farine et qu'elle m'a aboyé : « Du sukre en *poutre* ! Y A PAS ! »

Quand je pense que j'ai emménagé ici pour être au calme. Tout était prévu : La plupart des bâtiments de l'Alexander Platz doivent être détruits (la ville a accepté la construction de nouveaux bureaux vides), l'immeuble dans lequel j'habite va donc bientôt être rasé. Conséquence, la plupart des locataires sont déjà partis. Le paradis. Plus de vieilles femmes seules qui me coincent dans le couloir pour me raconter leur vie quand je reviens des commissions, des paquets plein les bras (résultat des courses, la glace recongelée a un goût de flotte). Plus d'hallucinés qui chient sur les marches d'escalier pour prouver qu'ils vivent dans une maison royale, puisque les rois, chez eux, faisaient caca derrière les rideaux et dans les coins. Plus de jeunes fêtards pour venir m'emprunter mon tire-bouchon (ce qui veut dire qu'ils vont picoler et finir par gueuler comme des mégaphones). Un jour, mon voisin le papi a sonné – j'ai ouvert – il agitait sa pince à épiler devant mon visage en ricanant et m'a demandé de lui tirer les poils du nez.

Un vrai cauchemar. Je ne voulais plus de voisins.

Alors ici, ça devait être le paradis.

Le paradis ? Mon cul, oui !

Non seulement il y a du bruit, mais en plus je déteste ma chambre (vu la taille, on ne peut plus appeler ça « appartement »). Elle est nue, triste, sombre. Le soleil n'y entre jamais. La grosse couette marron du lit m'absorbe quand je m'y allonge. L'étagère à livres est branlante. La cuisinière est cassée.

Pourtant, le jour où j'ai emménagé, j'ai cru que le bonheur existait. Le lendemain au boulot, j'avais le visage de quelqu'un qui a fait l'amour toute la nuit.

Effectivement, je n'avais pas fermé l'œil. Je me disais que c'était l'excitation du déménagement. Il paraît que c'est toujours comme ça au début. On doit s'habituer au nouveau lit, au nouvel environnement et à la nouvelle plante aussi.

Mais les jours passent. Et je suis de plus en plus fatiguée. Je ne m'habitue pas au nouveau lit, j'ai mal au dos, je n'arrive plus à me concentrer, je suis tout le temps de mauvaise humeur, la nouvelle plante pourrit.

Et tout ça à cause du BRUIT.

Ça ne peut pas continuer comme ça.

Comme je ne peux rien faire contre les bruits du dehors, je vais m'attaquer à ceux du dedans. Très simple. Je vide ma chambre (l'ameublement est ton sur ton – beaucoup trop bruyant). Je ne garde que le matelas et mes livres. Les livres, je les collerai au mur comme des cartons d'œufs pour isoler. Le matelas, je vais dormir dessus. Je dois aussi virer mes placards de cuisine, ils représentent un danger permanent. Hier par exemple, j'ai voulu en sortir une assiette et dans la précipitation, je l'ai

1. cognée contre la porte du placard (a fait un bruit affreux) ;
2. fait tomber par terre où elle s'est... je préfère ne pas y penser (encore froid dans les oreilles).

J'ai arrêté de travailler pour pouvoir surveiller toute la journée les bruits qui entrent et sortent sans interruption. Je reste assise sur mon matelas. J'observe. J'ai beaucoup de temps pour réfléchir sur moi et le monde. J'aime bien. Des questions métaphysiques me passent par la tête. Est-ce qu'on pourrait coudre l'eau si on avait les bonnes aiguilles ? Un schizophrène a-t-il plusieurs brosses à dents ? Une vache qui a la fièvre met-elle bas un rôti de veau ?

En même temps, j'essaie de regarder les bruits de telle façon qu'ils aient peur. Ça ne marche pas. Ils continuent à entrer. Me narguent. Quand je mets le pied dehors, c'est pire. Un vrai chaos de bruits qui m'attendent là. Ils se jettent sur moi, m'agrippent, me tirent vers la gauche, la droite, la gauche, la droite, devant, derrière, et moi, en me débattant, j'y laisse forcément des morceaux. La plupart du temps, j'arrive à leur échapper. Je m'enfuis en courant et je rentre vite vite chez moi. La porte claque. Ça fait du bruit.

Alors je préfère ne plus sortir.

J'ai construit une sorte de trappe à double entrée sur la porte pour recevoir mes courses sans faire entrer de bruits intrus. Ça va. Mais la livraison à domicile, ce n'est pas la panacée. Tout à l'heure, j'ai appelé pizza-livraison-express. Je n'avais même pas eu le temps de dire au type que je voulais une quatre fromages qu'il m'a demandé mon numéro de téléphone. On ne m'avait jamais draguée d'une manière aussi peu élégante ! En parlant du téléphone : au début, je continuais à répondre. Parce qu'il sonnait. Ensuite mon copain a commencé à me dire qu'il se faisait du souci, que je lui manquais, qu'il aimerait bien me voir. Bla bla bla. Moi, je n'étais pas dupe. C'était clair qu'il était de mèche avec le bruit – une personne normale n'appelle pas *dix* fois par jour sans avoir quelque chose derrière la tête ! Ou alors il avait envie de sexe (il ne le disait pas aussi directement mais vous connaissez les hommes). J'ai arrêté de décrocher. Ça a été pire. Chaque fois qu'il appelait, il laissait sonner plus de cinquante fois, comme s'il ne comprenait pas que je n'étais pas là.

Ça confirme bien la thèse de la conspiration.

J'ai détruit cette saleté d'appareil. vermine. des yeux comme des mouches. un gros ver sur la tête et sur le ventre un crabe. Une nuit qu'il sonnait, j'ai arraché la prise. Et mon « copain » a arrêté d'appeler.

Moralité : Quand ça ne nous emmerde plus qu'ils appellent, les gens, ils laissent tomber.

Sinon, ça va. De temps en temps, j'ai quelques problèmes avec les déchets qui s'entassent dans la cuisine et dans la chambre. Mais dès que des vers blancs en sortent, je jette les poubelles dans la baignoire et les crame. Je crois que le bruit m'a rendue moins tolérante. Je veux dire, je ne suis plus prête à me laisser emmerder par qui que ce soit. Même par des vers. La première fois que je les ai brûlés, j'ai eu peur parce que je pensais que je n'allais pas réussir à éteindre le feu. Je sais que l'émail résiste à d'ultrahautes températures (comme le lait), mais les flammes atteignaient déjà le plafond et la tapisserie fondait. Il a fallu réfléchir. J'ai ouvert le robinet et j'ai laissé couler l'eau. J'étais fière de moi. C'était une bonne idée.

En tout cas, sans téléphone, les fenêtres et les portes toujours fermées, aucun meuble dans la chambre vide, et le bruit est toujours là. Incompréhensible. Il se plaint jour et nuit à l'extérieur, pleurniche, geint, toque au carreau pour que je le laisse entrer. Je ne me laisse pas attendrir. Assez tergiversé. Il faut que j'agisse. Vous savez ce qu'on dit : quand le chat tourne autour du pot, les souris dansent. C'est décidé, je vais sortir et détruire TOUS les bruits. Une bonne fois pour toutes.

Très facile. J'ai fabriqué une sorte de magnétophone qui non seulement enregistre les sons, mais aussi et surtout les *capture*. Le système est simple : un ruban d'acier aimanté recouvert d'une couche d'oxyde magnétique dans une boîte en plastique. L'aimant attire les sons, l'oxyde les retient prisonniers. J'ai appelé ça le Cléptophone©.

Voilà, mon clepto en bandoulière, je sors. J'ai à peine mis un pied à l'extérieur que le bruit m'assaille. Au moins un milliard de voitures roulantes klaxonnantes vrombissantes et freinantes sur chaussée mouillante! L'air en est compressé comme du saucisson dans un boyau. Je sors le microtube de la sacoche relié au Cléptophone et je commence. Piou, les klaxons! piou, les moteurs! piou, les dérapages!... Je rentre chez moi pour déposer mes premières prises dans des caisses de résonance bien hermétiques. Colle des étiquettes avec les noms dessus : *Crissements*, *Grincements*, *Explosions*, *Vrombissements*, *Pétarades* (j'ai eu un camion)...

Puis je ressors.

Devant chez moi, la cacophonie a presque disparu. La rue semble inoffensive. Je continue. Bruits de pas, bruits de voix, vêtements qui froissent et portes qui frappent... Je continue. À l'angle des rues Rosa Luxemburg et Münz, je capte les bruits d'un cordonnier. *Martèlement*, *Grésillement*, *Cliquetis*, *Tintement*. Bruits intéressants. Je continue. Je m'arrête chez l'opticien pour essayer des lunettes de soleil. Le bruit de fond de l'air étant frais, j'achète aussi des cache-oreilles. Puis je me fais les bus, les kiosques à journaux, les terrasses de cafés, les magasins, un mec qui engueule une aubergine et en fait une ratatouille de fonctionnaire. *Chuchotements*, *Rumeur*, *Bruissements*, *Froissements*, *Frôlements*, *Éclatements*,

Grondements, Claquements, Cris. J'achète des étiquettes à la Fnac, des rubans magnétiques pour ne pas me retrouver à court, vais déposer les sons à la maison. Puis j'attaque le métro. *Brouhaha, Gémissements, Explosions, Sifflements, Fracas.*

Ensuite, je vais sur les rives du Wannsee. Le lac où en 1811, Heinrich von Kleist se tirait une balle dans la tête. Une balle dans la tête sur les rives du *Wahnsee, le lac de la folie.* Là, je prends galets les uns contre les uns sous les pieds, arbres qui disent au revoir au revoir, canards et bateaux ensemble (*Bruissements, Clapotis, Coincointements*). Et puis les autres lacs, le Schiemsee, le Heiligensee, le Müggelsee, le Nicolassee... Tous ces lacs qui font de la carte dépliée de Berlin une fleur bleue. La plus romantique des villes. Je vais sur l'île aux paons, ces poulets qui ont mis leur robe de princesse. Je prends les écureuils malins et les lapins écœurants. Les oiseaux, je veux d'abord les épargner (je les aime parce qu'ils sifflent toujours sur mon passage – c'est bon pour l'ego). Mais tout flatteur vit aux dépens de celui qui l'écoute. Couic.

Maintenant je suis aux portes de Berlin. À Oranienburg. Sachsenhausen. Camp de concentration. Vaste plaine étrangement déserte. Vide, mais vivant intensément de la présence virtuelle de milliers de personnes silencieuses. Extraordinaire compression de millions de cris. Silence comme le blanc retourné à l'envers, silence prêt à exploser dans toutes les directions au moindre retentissement de la sonnerie. Sirène. Sentinelle. Claquement sec d'une arme. Bottes en cuir noir, martèlement. Brrr... Je sors le clepto et laisse échapper le rire d'un bébé qu'on chatouille.

Sinon, plus un bruit. La ville est propre. Maintenant, des caisses de résonance de toutes tailles et de toutes formes s'entassent dans mon appartement. Des grandes, des petites, des moyennes. Des sur lesquelles je n'ai pas encore eu le temps de mettre des étiquettes. Des dont je ne sais plus ce que j'ai voulu dire (*Frisement*? *Cointement*? *Stratilation*??). Comme je ne peux pas vivre parmi toutes ces boîtes (sans parler du risque de fuite), je vais tout vendre. Mettre une petite annonce. Un truc du style

Affaire à faire

BEAUCOUP DE BRUITS POUR RIEN

Tout le monde pourra m'en acheter. Un bruit confus pour des excuses en bonne et due forme. Un bruit mat pour la partie d'échec du lundi soir. Un bruit sourd pour accompagner l'*Ode à la joie*. Seuls les Berlinois n'auront rien. Pas un son. Ils en feraient un mur.

Par contre, il y a *un* bruit que je vais laisser courir. Un son doux et câlin qui fait fondre du sucre dans la gorge, s'infiltre, apaise les nouveau-nés aux yeux énormes et met le cœur des gens qui s'aiment bien au chaud dans des chaussettes

murmure

moi dans cette ville avec pour seul bruit

murmure

un guili entre les doigts au creux des coudes sous les genoux

murmure

le seul le caressant

muurmur de Berlin

Qui va à la chiasse

J'ai la chiasse. Depuis huit mois. Vous pouvez vous imaginer, vous, *huit mois* de chiasse ? Deux cent quarante-cinq jours à courir toutes les cinq minutes aux toilettes ? Par mesure de précaution, même pour aller péter ? Et autant à contracter cons-tam-ment les muscles ? En tout cas, la diarrhée, c'est mieux que l'aérobic, je peux maintenant me servir de mes fesses comme casse-noisettes.

La colique est une maladie ingrate. Comme les hémorroïdes ou la constipation. La règle d'or c'est : souffrir en silence. Je suis au restaurant avec des amis, je passe presque un bon moment, ris même deux ou trois fois. Et puis je sens les premières sueurs froides. Tout se bloque en moi. Un paquet énorme va exploser mes intestins. Je me lève. Enfin, *j'essaie.* Difficile d'avoir l'air naturel quand on doit faire le plus vite possible alors qu'on peut à peine bouger. C'est bien simple, si je cours, je-suis-dans-la-merde. Alors je marche lentement, trèèès lentement, c'est une toooortuuuure cooooomme jeee meee déééééplaaaaace leeeeeentement. Comme si je marchais sur des œufs les pieds comprimés dans des escarpins à talons aiguilles trop petits. Je suis trempée de sueur. Je m'arrête au milieu du couloir pour m'appuyer contre le mur, c'est pas juste, les femmes qui accouchent, on les emmène à la maternité ! Je râle, je souffle, je respire profondément, je re-respire profondément, je ne respire pas profondément du tout, j'essaie juste de penser à autre chose. Je suis obnubilée par l'énorme paquet que je porte à l'intérieur. Des visions catastrophes se succèdent dans ma tête. Pétrifiée. J'imagine que mes sphincters lâchent et que la chiasse immonde inonde mon pantalon, coule le long de mes jambes, se répand sur la moquette rouge du restaurant. Des clients arrivent. Ils regardent interloqués en se bouchant le nez. Plus je sens cette fin inéluctable et moins j'arrive à me retenir.

Respire, Steph, respire ! La respiration du petit chien comme pour les accouchements sans douleur. un deux trooois. un deux trooois. un deux j'peux plus marcher c'est horrible les toilettes sont au bout du couloir et JE VAIS CHIER DANS MON FROC !

En général, je finis toujours par atteindre les toilettes des dames. Mais là, le cauchemar continue : une queue immense m'attend. Mystère de l'humanité. Qu'est-ce que font certaines femmes autant de temps enfermées dans les cabinets ? Est-ce qu'elles espèrent faire *une fois pour toutes* ce qu'elles sont censées faire pendant leur vie entière ? Et pourtant, trois minutes plus tard, elles doivent y retourner. Même la chasse d'eau ne suit pas le rythme ! Moi, je pense que certaines femmes pourraient, lorsqu'elles sortent de la cabine, se replacer directement dans la file d'attente. En tout cas, je suis là, je souffle, j'halète. On me demande ce que j'ai et je dis « Rien, rien... » ou je dis que je dois absolument faire *pipi*. Ou que je dois vomir. Ça marche toujours. Aaaah, celle dont c'est le tour me laisse passer. Une fois dans la cabine, je me jette sur les boutons de mon pantalon, essaie de les ouvrir fébrilement, n'y arrive pas, m'empatouille dans les plis l'épaisseur du jean finis par les arracher… encore un peu et je loupe la cuvette.

La chiasse est une maladie honteuse. La dernière fois, mon copain a voulu faire une machine. J'avais tellement de traces dans ma culotte blanche qu'il l'a triée avec le linge de couleur.

Mais pourquoi les excréments nous dégoûtent-ils à ce point-là ? Tout petit, l'enfant en est fier. C'est sa seule production personnelle. Ça le rend un peu artiste. Et puis, ça prouve qu'il en a dans le ventre – comme un aventurier. Alors quand la crotte est là toute fumante dans son pot, il *sent* qu'il doit en faire quelque chose.

Mais quoi ?

IL DOIT LA DONNER À SES PARENTS !

Bien oui, il ne leur donne jamais rien alors qu'eux font tout pour lui ! Une déclaration d'amour en quelque sorte. Petit bout de chou. Il la modèle tant bien que mal dans son pot en forme de canard. Ah, ils vont être contents ! C'est *lui* qui a fait ça ! Il aurait pu se la garder mais non, c'est pour eux !

Quand il dépose tout fier le gros tas fumant aux pieds de sa mère, elle n'a pas l'air contente. Elle le dispute même, comme quand il fait une bêtise. Elle dit : « Qu'est-ce tu fais ?! Faut pas apporter sa crotte dans la cuisine ! C'est sale ! » Sale ? Qu'est-ce qu'il doit en faire alors ? La jeter ?!? Mais c'est la plus belle crotte du monde !

M'enfin bon, si elle le dit...

Au bout de deux ou trois tentatives réprimées, l'enfant a bien compris. Il n'offre plus ses déjections. Il les laisse dans son pot, attend qu'on les jette. Finit par les jeter lui-même en s'asseyant directement sur une grande poubelle en faïence.

La pisse, les crottes de nez, c'est pareil. Pourtant, toute la journée on les porte en nous. Et toute la nuit. Dans le nez, dans la vessie, dans les intestins, juste derrière le nombril qu'on nous embrasse parfois. C'est vrai, j'embrasse le ventre de mon copain et la crotte est juste derrière, prête à sortir et à empester. Et on a le culot de parler de « beauté intérieure ».

Quoi qu'il en soit, j'ai de la chance. J'habite en Allemagne. Un pays prévoyant. Là-bas on dispose des meilleurs chiottes du monde. Les toilettes avec un *autel à merde*. Dans le fond de la cuvette, il y a un petit reposoir en céramique blanc sur lequel se dépose l'étron. Avec ça, je peux observer mes crottes à l'aise sans avoir à les repêcher. J'imagine que c'est révélateur du caractère teuton. Les Allemands, c'est bien connu, sont un peuple anal. Pour preuve, ils ont un papier toilette sur lequel sur chaque feuille est écrit « *MERCI !* » C'est vrai, les Français tirent également une certaine gloire à déféquer (ce n'est pas pour rien qu'on appelle ça « le Trône »). Mais les cuvettes-autels allemandes révèlent quelque chose de plus profond : nos voisins d'outre-Rhin ne refoulent pas leur passé. Ils regardent derrière eux, analysent ce qu'ils ont fait, se critiquent, s'auto-flagellent. Encore et encore. Contrairement aux Français. Chez nous, la crotte disparaît directement dans l'eau, *plof*, ni vue ni connue. Pas de feed-back. À part l'eau qui éclabousse par en dessous. Et à partir du deuxième *plof*, une eau d'une propreté plus que douteuse. C'est sans doute ça qui dérange les Allemands. Ce besoin qu'ils ont de tout diriger. Là où les autres acceptent de livrer leur crotte aux lois de la gravité – quitte à se faire asperger – les Allemands ne supportent pas. Ils y intercalent une petite piste d'atterrissage pour maîtriser la chute. Les Français, quant à eux, oublient l'Inquisition. Le régime de Vichy. Les conquêtes napoléoniennes. Les violences de la guerre d'Algérie. Le désastre de la colonisation. Le sacrifice des harkis. Les essais nucléaires à Mururoa. Grâce à une cuvette bien faite.

Bref. J'ai beau habiter en Allemagne, je suis malade. Je ne peux plus rien faire. Aller faire mes courses par exemple. aller au cinéma. au bureau. au restau. dans le métro. La dernière fois, j'ai voulu prendre le train pour rendre visite à mes parents. On n'avait pas encore démarré que je devais déjà. Mais la porte était fermée. Interdiction d'utiliser le WC pendant l'arrêt en gare. Mes intestins étaient sur le point de se déchirer. Et ce train qui ne partait pas ! Pourquoi y a-t-il une poignée d'alarme pour stopper les trains et aucune pour les faire démarrer d'urgence ?

Je suis aigrie, je le sens. J'ai le teint jaune, sec, le visage creux. Huit mois. Huit mois que je me vide ! Jusqu'ici, rien de ce que le médecin m'a prescrit n'a eu d'effet. Rien ! Il m'a dit qu'il n'avait jamais vu quelqu'un avoir une colique aussi longue et m'a proposé de signaler mon cas au *Guinness Book des records* ainsi qu'au rectum de l'université de Paris. Puis il m'a préconisé un régime sans selles. IL SE FOUTAIT DE MOI ? Ni une ni deux, j'ai quitté son cabinet. Je suis allée sur le parking de la clinique et j'ai déféqué sur le pare-brise de sa belle voiture rouge. Un pigeon était là, il m'a donné quelques conseils.

J'ai donc une maladie rare. Je suis exceptionnelle. Très bien. Mais je m'en fiche. J'ai une idée. Je vais manger de la paille. Puisque les excréments sont constitués des déchets de nourriture rejetés lors de la digestion et que la diarrhée, ce sont ces mêmes déchets mais *liquides,* alors si je mange du foin, tout se mélangera et formera une sorte de torchis. Adieu fiente fluide ! J'ai bien étudié la question, ça doit marcher.

ÇA MARCHE ! Ça fait deux semaines que je mange de la paille à raison de trente-six brins par jour, matin, midi et soir. Je commence à 6 heures de l'aube avec un bol de céréales. Le midi, un yaourt au foin. Au goûter, je rajoute quelques morceaux de grillage pour muscler mes fèces. Le soir, je bois juste un verre de soupe à la paille. Les progrès sont spectaculaires. Je sens que ça va mieux.

Je me suis remise à aller au cinéma. à faire mes courses. à travailler. à prendre le bus. à aller au restaurant. à. à. à avoir une vie normale. Depuis quelques jours, j'ai bonne mine. Personne ne me le dit parce que les gens sont jaloux, mais j'ai retrouvé des couleurs, un beau teint de blé, mes cheveux tombent en sillons sur mes épaules. Avant, j'avais toujours l'air d'un épouvantail. Je sais que c'est fou, mais je m'en fous. Et puis mes pets sentent le foin grillé !

Je me suis aussi découvert une nouvelle passion : la sémiologie des fèces. C'est très instructif. Est-ce que vous saviez que les crottes pouvaient avoir autant de formes différentes que les nuages ? Il y a les petites en boulettes style crottes de lapin, les longues fumantes comme un gros gros cigare, les en tas comme de la bouffe de vache, les d'une seule couleur, les foncées, les presque vertes, les avec des griffures plus claires comme un cake Papi Brossard, les tellement grosses qu'on se demande comment on a pu les avoir dans la panse, les qui ressemblent à du marc de café. D'ailleurs, ça m'étonne qu'aucun voyant n'ait encore proposé de lire l'avenir dans la merde.

Le problème, c'est pour stocker le foin. J'ai loué l'emplacement de garage de mon voisin du dessus qui est une voisine et qui n'a pas de voiture. Mais faut faire gaffe, c'est pas immense. Façon, j'en ai plein la panfe. Je peux féfer les foins. Y a plus d'améliora-fion.

Parfaite. Un vrai petit bijou, un chef-d'œuvre, une pièce de musée. Ça valait le coup de se lever à 4 heures du matin pour être le premier sur la brocante. Le vieux jubilait. Il ne pouvait pas attendre plus longtemps, il allait s'en occuper tout de suite. De quoi avait-il besoin exactement ? Fil de fer, colle spéciale pour la peau, résine pour les cheveux ?... Non, rien de tout cela, elle était déjà parfaite. Dire que cet imbécile de brocanteur la lui avait vendue pour une bouchée de pain ! Et il avait l'air de se demander pourquoi le vieux était si content. « Ah, vous êtes taxidermiste... », lui avait-il dit. Et puis soudain comme si la petite ampoule dans son cerveau s'était éteinte « Bah, mon beauf' aussi...

Mais il achète quand même pas des poupées. D'ailleurs, il aurait pas l'temps, il pionce toute la journée, parce qu'il conduit la nuit, vous comprenez, il dit qu'il préfère, il a d'meilleurs pourboires. Évidemment, la nuit tous les clients sont bourrés », avait-il ajouté dans un clin d'œil. Et voilà, en plein dans le mille. Le vieux avait compris que le brocanteur le prenait pour un chauffeur de taxi. Mais ce n'était pas la première fois. Et honnêtement, le vieux s'en fichait. « Oui… bourrés, oui… » Si être chauffeur de taxi comme le beau-frère lui permettait d'acquérir à bas prix cette magnifique femme empaillée.

Michael

Ça y est. j'ai compris. Dire que depuis des années je me demande ce qui ne va pas. Je n'aime pas mon corps, je trouve que j'ai un gros cul, mes seins sont trop longs, par contre mes jambes sont tellement petites que mes hémorroïdes me châtouillent les genoux, pour finalement en arriver à la conclusion que le problème :

C'est ma tête.

C'est hier que je m'en suis aperçue. J'étais dans la rue, tranquille. Et puis j'ai voulu tourner dans la rue des Deux-Boudins. Là, il y a un virage serré et un miroir accroché à un poteau électrique. Pourquoi ils accrochent des miroirs aux poteaux électriques ? Pour qu'on regarde comment on marche ? Moi, je me suis regardée forcément. D'ailleurs, au début, rien de grave. Je me suis trouvée bien. Mes poignets ont enfin une forme que j'aime bien, mes coudes une bonne proportion par rapport à mes épaules et mes épaules par rapport à ma veste. Mais tout d'un coup, je l'ai vue. Ma tête. Bien trop petite par rapport à mon corps ! Et trop ronde ! En plus, il y a quelques jours, je me suis rasé les cheveux (ça m'a fait perdre quarante-deux grammes). Mais maintenant que je regarde l'ensemble, j'ai l'air de quoi ? Mon corps ressemble à un béret de matelot – avec ma tête comme pompon. manque total de proportions. comment peut-on manquer de proportions à ce point-là ?

En tout cas, je ne m'explique pas ce qui s'est passé hier. Je veux dire, pourquoi cette prise de conscience soudaine de la difformité de ma boîte à mémoire ? C'est comme un des paradoxes de *Platoon* (un film américain sur la guerre du Vietnam). La question, c'est : comment se forme la connaissance ? Dans le film, ils disent qu'on n'apprend rien, qu'on se *souvient*. Ils appellent ça *la réminiscence.* On a déjà tout en nous et on ne ferait qu'activer des connaissances préexistantes. D'où, paradoxe : *comment se souvient-on*? Comme ils ne donnent pas de réponse dans le film, moi je ne dois pas en donner non plus.

Mais m'en fous. J'ai la solution. Je m'enlève un œil, après je me bourre le crâne de foin. Vous vous demandez sûrement pourquoi je ne fais pas entrer le foin directement par la bouche. Parce que je préfère choisir la plus mauvaise solution. Comme ça, si je me plante, je peux au moins dire : « JE LE SAVAIS QUE ÇA N'ALLAIT PAS MARCHER ! » Ça donne l'impression d'être moins con.

J'hésite quand même. Est-ce qu'il vaut mieux utiliser une cuillère en argent ou une en plastique ? Celle en plastique a l'avantage d'être plus fine et plus légère. Mais elle peut casser à l'intérieur de l'œil. Avec celle en argent, pas de danger. Par contre, elle est plus épaisse. Sera pas aussi facile à introduire derrière l'œil. En plus, ce sont les cuillères de ma grand-mère et elle est morte depuis trois ans, alors ça ne servirait à rien, ça ne pourrait même pas la choquer.

Non. Je vais utiliser une cuillère en inox. C'est fin, léger, maniable. Et puis solide. En plus ça tombe bien, j'en ai une. Une grise. Je viens de la retirer de la cage du hamster.

Maintenant, il fait la gueule. C'était son toboggan (comment j'aurais pu le savoir ?). Je lui aurais bien prêté un chausse-pied en échange, mais ça serait bête, il n'a pas de chaussures.

En tout cas, je ne sais toujours pas quel œil je vais enlever. Je me demande si ça fait vraiment une différence. Peut-être que oui à cause de l'hémisphère gauche et de l'hémisphère droit et tout ça. Et puis je suis droitière. Voyons voir, si j'enlève l'œil gauche… si j'enlève l'œil gauche, mon nez va me gêner… par contre si j'enlève le droit… toute la place qu'il faut pour faire levier ! Je vais enlever le droit.

Je suis dans la salle de bain. Sur la tablette du lavabo, tout est prêt. Du coton, une paire de ciseaux, du fil, une aiguille, une pince à épiler, un marteau, de l'alcool (du bourbon) et la cuillère. Je la désinfecte en soufflant plusieurs fois dessus. Puis je me récure bien les mains à l'eau chaude (c'est important l'hygiène). Voilà. Je suis dans la position du boxeur en garde. C'est parti. J'enfonce la cuillère dans le coin de l'œil droit. Ça fait un peu mal. Et ça me gêne. J'ai l'impression que mon œil veut rejeter la cuillère. C'est normal, il n'est pas habitué, il faut juste qu'il s'habitue… J'enfonce un peu plus la cuillère. c'est dur. l'œil est littéralement collé à la paroi comme un escargot dans sa coquille. maintenant ça fait vraiment mal. ça saigne. j'essaie de garder l'autre œil ouvert mais je le ferme quand même parce que le sang pique et m'aveugle et parce que ça fait mal ! j'attrape un bout de coton et j'éponge le contour de l'œil. je laisse la cuillère enfoncée, ça serait con de devoir tout recommencer. merde, la conne, j'ai pas prévu assez de coton ! je savais que la tête était remplie de sang mais pas à ce point-là ! j'ouvre le robinet et essaie de nettoyer comme je peux, oh et puis merde, ça finira bien par s'arrêter, j'ai pas le temps de m'occuper d'une hémorragie... une ventouse cet œil et ça fait mal – aïe ! allez, je prends la cuillère à deux mains et j'enfonce, soit par à-coups rapides comme on décolle la tapisserie avec une spatule, soit d'un coup sec comme on arrache un pansement, si les nerfs ne se sectionnent pas d'eux-mêmes, je les tranche avec des ciseaux – il va pas me faire chier longtemps, cet œil !

Aaaaah...

Un vrai jeu d'enfant ! L'œil a atterri directement dans le lavabo, je n'ai même pas eu besoin de couper les nerfs. J'ai vite cousu les paupières avec du fil noir. J'ai juste laissé un petit trou dans le coin pour que l'air puisse sortir. Et pour les crottes d'yeux du matin. Du vrai travail d'artiste! Ma joue droite s'est creusée, on dirait que je me suis fait arracher toutes les dents. Le problème maintenant, c'est que mon visage est tout déséquilibré. Et il n'y a rien de pire que le déséquilibre. Mais j'ai la solution. Je vais enlever un peu de joue gauche. Un bon coup de cutter, ça devrait partir comme du beurre. C'est vrai qu'une lame de couteau, c'est plus solide qu'un cutter. Mais un cutter, ça coupe mieux. Et puis si jamais la lame se casse à l'intérieur de la joue, je dirais que c'est un piercing.

Je me suis acheté un cutter ce matin. Un beau. Je suis contente. Il est bleu et la lame est toute brillante. grise. fine. fine. J'ai couru à la salle de bain dès que je suis rentrée. J'ai préparé ce dont j'avais besoin. Du coton, de l'alcool (du gin cette fois, j'ai bu le bourbon l'autre jour pour fêter l'opération), un peu de gaze, des pansements et c'est tout. Je respire profondément. Je suis prête. J'approche la lame de ma joue. Le cutter est léger. Si léger que je me demande si je le tiens réellement dans la main. Ça me rappelle un sketch de Coluche, est-ce que le Schimmilibilibick, il tient dans la main, il tient dans la main ?... J'ai un peu peur. C'est pas le moment de flancher. Le cutter coupe putamment bien, j'ai à peine effleuré la peau que je me suis déjà coupée. Le sang est là, ligne rouge et en relief... N'a pas fait vraiment mal. Plutôt comme une brûlure. Maintenant ça tire, ça pique. Il vaut mieux en terminer rapidement. J'essaie de penser à autre chose, les arbres le ciel les oiseaux qui chantent gazouillent le ruisseau SCHLAK ! un bon coup et le gros de la joue est parti. Merde, j'y ai été trop fort, on voit ma gencive. Pas grave, je boucherai le trou avec un bout de ma cuisse. En attendant, un peu de gin sur la plaie. Aïe ! Putain, le gin ça brûle ! j'éponge la chair à vif, de la gaze, des pansements. C'est fini.

Suis contente du résultat. Ça fait beaucoup moins mal que de s'enlever un œil. Et c'est beaucoup plus beau. Plus lisse, plus naturel (comme une joue de chien). Je viens de me peser. Quatre-vingt-dix-huit grammes en moins. Si c'est pas du grand art, ça !

Mais je ne dois pas me reposer sur mes lauriers. Maintenant, faut m'attaquer au problème de la taille. Pour rappel : elle est trop petite. J'ai laissé tomber l'idée de me bourrer le crâne avec de la paille. Mauvais plan. J'ai entendu dire que certains animaux le faisaient et qu'après, ils ne pouvaient plus bouger. Non. J'ai une autre solution. Je vais gonfler le tout avec ma pompe à vélo. Reste à espérer que ma tête ne redeviendra pas ronde mais augmentera de volume *dans sa forme actuelle.* J'ai fait tous les calculs possibles et inimaginables : si je veux que mon crâne augmente de vingt centimètres cubes, il faut que j'injecte trente-deux litres d'air. Ça ne devrait pas poser de problème. Les os résistent à une pression équivalente au double. Je vais enfoncer le tuyau de la pompe par la narine droite jusque dans le crâne. Comme je n'ai plus d'œil à cet endroit, il ne pourra pas exploser sous la pression de l'air. Le seul risque, c'est que la couture pète. Mais j'ai renforcé le fil avec du nylon. Ça devrait aller.

Je suis prête. Ma pompe à vélo (une rouge), un miroir plain-pied posé sur le sol du sous-sol (pour contrôler quand les proportions seront bonnes), du papier journal et c'est parti.

J'introduis le tuyau dans le nez. Hi hi, ça fait des chatouilles. Je commence à pomper. je pompe. et je pompe encore. et encore. Oh, j'ai la tête dure ! Je pompe… Je sens dans le fond de mon crâne comme un courant d'air. Ça donne la migraine. Je pompe encore. J'ai l'impression que ma tête veut augmenter de volume mais que mon crâne ne veut pas SALAUD ! Je frissonne. Ma paupière tressaille derrière les coutures. Le nylon résiste. Ça me fait mal au nez. C'est comme un ballon qu'on n'arrive pas à gonfler et dans lequel on s'épuise à souffler et tout d'un coup ça va très vite, il gonfle comme si le cartilage était caoutchouteux, je sens que ça commence à venir, mon crâne devient mou, ça y est, ma tête enfle ! Je me regarde dans la glace, je ne vois pas bien les proportions parce que avec un seul œil, je ne vois plus en trois dimensions, bon je pompe encore deux fois et j'arrête, allez, trois fois, oh, l'air me comprime l'intérieur du crâne, je sens qu'il gonfle, qu'il grandit, qu'il grossit et **PAN !**

plus

souvenirs œil visqueux

tabous

frustrations

comme

cervelle bouts

COMPLEXES

Le Petit Morveux

JE SUIS ENCEINTE !

Ça y est ! Depuis des années je veux un enfant à moi qui a de grosses joues et s'en fout plein partout quand je lui donne sa pâtée, oups... je me sens mal... Je dois vomir... !

Ça n'a pas été facile.

Le père, je l'ai rencontré un soir où j'étais allée noyer dans l'alcool ma joie de ne pas encore être internée vu mon état depuis la mort de Domi. J'étais assise sur un banc dans le parc. Il est venu s'asseoir à côté de moi, s'est passé une main dans le gel, m'a invitée à prendre un verre. C'était une occasion à ne pas manquer.

Faut dire que depuis que Domi est une dépouille, j'ai du mal à me lever le matin. Plus aucune chance qu'elle soit dans la cuisine avec son peignoir blanc autour du corps, à boire son chocolat chaud. D'ailleurs, j'ai du mal à rester au lit aussi. Domi n'est plus là nulle part.

Alors je me suis dit qu'un bébé.

Le père, il m'a plu tout de suite. Il ne voulait pas me draguer, c'était reposant. Il ressemblait à un mur de prison. Il ne souriait pas, ne pleurait pas, ne grondait pas, ne s'étonnait jamais. Ses seules rides d'expression, ça devait être le matin la trace de l'oreiller sur la joue. Ça m'arrangeait bien. Je n'avais pas le cœur à rire. On est restés ensemble en silence. Puis il m'a emmenée chez lui.

Son appartement était impeccable. Reluisant. Pas de vaisselle sale sur l'évier – à croire que les hommes font la cuisine. Pas de montagne de chaussettes sales dans le salon – les hommes, ces mille-pattes. Tout était à sa place. Rien ne s'empoussiérait. Immobilisé dans un musée de propreté.

Je ne lui ai pas tout de suite parlé de mon projet. On s'est plutôt mis à l'ouvrage.

Quand il a joui en moi, j'ai eu l'impression d'avoir mes règles à l'envers.

Un mois plus tard, je n'étais toujours pas enceinte. On m'a dit c'est comme ça, ça ne marche pas toujours du premier coup.

Alors je suis retournée chez lui.

Une histoire torride a commencé entre nous. On faisait l'amour tous les jours. Il fallait bien en passer par là. Lui, il avait l'air très content. Ça se voyait parce que le coin droit de ses lèvres se levait légèrement. Il me parlait de ces petites habitudes attachantes qui attiraient les femmes au début mais qui, après quelques mois de vie commune, les faisaient fuir. « Tu veux dire le fait que tu nettoies les œufs avant de les casser pour une omelette ? » Le coin de ses lèvres est retombé.

Boris n'était pas à proprement parler un aventurier. Il était trop obsédé par la propreté pour ça. Cette obsession, il la tenait de sa mère. Enfant, Boris était envahi par les pellicules. Il en avait jusque dans les sourcils, sous les aisselles et dans les poils pubiens. Quel déchirement, avoir un enfant aussi sale ! À chaque vacances scolaires, sa mère l'envoyait en Suisse. Cures du cuir chevelu près du lac Léman. Boris se souvient que là-bas, il y a plus de coiffeurs que de dentistes. Ce qui est logique. Après tout, on a plus de cheveux que de dents.

Sa mère était persuadée que les problèmes capillaires de son fils étaient dus aux impuretés qui se dissimulaient partout. Elle en a fait un problème personnel. Elle a commencé à nettoyer trois fois par jour sols, moquettes et murs. Tous les jours, elle décrochait les rideaux pour les passer à la machine. Comme la chaleur tue les acariens, son fer à repasser restait chaud en permanence. Elle le dégainait en toute occasion. Boris ne pouvait pas rentrer à la maison sans que sa mère ne lui passe le fer autour du corps, comme un détecteur de métaux, vapeur crachante pour exterminer les bactéries étrangères. À table, elle lui retirait la serviette des mains pour y passer un dernier petit coup. Il retrouvait ses jouets en plastique fondus.

Quand j'ai rencontré Boris, il venait de trouver un emploi. Un boulot sur mesure. La petite annonce le disait : « Vous êtes maniaque de la propreté, détenteur d'un permis de conduire et prêt à affronter les intempéries ? Pourquoi ne pas nettoyer les éléments qui constituent votre ville (rues, trottoirs, bancs...). Mais aussi conduire une benne, reconnaître les différents déchets et en assurer le contrôle jusqu'à leur destruction. Vous travaillerez dans un secteur en plein développement et deviendrez rapidement un "pro" de l'environnement. Devenez agent de propreté urbaine ! »

Il est clair que Boris ne m'excitait pas du tout. Mais il regorgeait d'idées. Pour nous mettre en train par exemple, on regardait des films pornos. Et puis on en regardait d'autres. Mais les pornos sont faits *par* des hommes *pour* les hommes. Il suffit de jeter un œil sur les scènes lesbiennes. Leurs griffes ensanglantées, ces ongles ultralongs affûtés et peints en rouge ! Vous croyez vraiment que les femmes aiment se faire caresser le clitoris avec des couteaux ?

Parfois, on tournait aussi nos propres films. Des courts métrages.

Et moi qui ne tombais toujours pas enceinte.

J'ai pris mon courage à deux mains. Je lui ai dit, Boris, mon amour, j'ai mes règles. Ne t'inquiète pas, ce n'est pas sale, c'est comme quand la poule pond un œuf, tu vois, moi aussi je ponds des œufs, un par mois, alors aujourd'hui, Boris, question d'hygiène, on va faire ça avec un *préservatif*.

En fait, Boris était enrhumé. Il avait la tête lourde, envie de dormir, il éternuait sans arrêt et c'était pour lui l'enfer, car rien n'est plus sale qu'un vieux mouchoir usagé. Mais la tentation était trop forte : j'avais parlé d'hygiène.

On a fait l'amour. Lui, dans son collant de latex – et c'est vrai que ça collait. Moi, en règle générale, les préservatifs, je ne comprends pas l'utilité. Pourquoi les couilles restent à l'extérieur ? C'est comme un bonnet de bain, ça ne sert à rien si tous les cheveux dépassent !

Quand Boris s'est mis à ronfler, je me suis levée sans bruit. J'ai tâtonné à côté du lit à la recherche du préservatif usagé. À ma grande surprise, il y en avait plusieurs. Hun, hun. Tant mieux. J'en ai choisi un au hasard, un qui était bien plein, puis je suis partie.

Les chances de tomber enceinte par insémination artificielle avec du sperme frais sont de 60 à 70 %.

Dès le lendemain, je suis allée voir le professeur Papernieck de l'hôpital Saint-Marc. Il a pratiqué la fécondation directement dans la glaire cervicale.

La science fait des miracles. Quelques jours plus tard, j'avais déjà des nausées le matin. Je courais aux toilettes en rigolant comme quand on sort du grand huit, barbouillée mais survoltée. Je me suis acheté des vêtements spécial grossesse. Puis j'ai installé un berceau dans la lingerie, de la tapisserie au mur avec des nuages jaune et rose, des mobiles qui tournent, son prénom sur la porte en grosses lettres de bois coloré (Dominique), des pyjamas, des couches, des bavettes, des ours en peluche.

Et puis beaucoup de bouchoirs. Le professeur Papernieck m'avait prévedue : pendant la grossesse, le système ibbuditaire s'affaiblit. En effet. Un rhube. deux rhubes. une grippe. Il fallait que je fasse attention. J'étais responsable d'une autre vie que la biedde.

Le problèbe, c'est que je d'arrive pas à be débarrasser de ces baudits rhubes. Thé au citron, grog, inhalations, bouillotte dans le creux des reins. Rien d'y fait. Bon dez coule constabbant. La borve d'a bêbe pas le temps de sécher, elle est directebent recouverte d'ude hubeur visqueuse et chaude, dont j'interromps le cours du bout de la langue. J'ai l'impression d'en être remplie. À tel point que quand je be perce un bouton, je be debande si c'est bien du pus qui en sort. Ba sueur, c'est une sorte de bave collante, croûteuse par endroits. Dégueulasse. Quant à ba salive, je ne l'avale plus, elle a un goût salé qui be dégoûte. Je préfère la cracher dans un bouchoir.

Je d'ose plus pleurer don plus.

Difficile dans ces conditions de be concentrer sur la grossesse. Je suis censée be détendre, pas be boucher toutes les trois bidutes ! J'éterdue cobbe d'autres ont le hoquet. C'est un coup à vous faire accoucher d'un enfant dépressif.

Je suis retournée voir le professeur Papernieck. Lui ai demandé si bon début de sidusite pouvait être dangereux pour Dominique. « Vous vous adressez à la bonne personne, b'a-t-il dit, j'étais oto-rhinopharyngologiste dans ma jeunesse. Hm, voyons voir. Non, la sinusite ne doit pas vous inquiéter. Par contre, ces éruptions sous-cutanées... »

Ça a accéléré ba bauvaise hubeur.

Je suis allée boire une goutte dans un bistrot près des Halles. Avais envie de compadie. Dans ces cas-là, éternuer, c'est le beilleur boyen, au plus tard après le deuxièbe « À vos souhaits ! », les gens vous adressent la parole compatissants. Là, surprise, j'ai rencontré Boris. Je n'ai pas osé lui dire que j'étais enceinte (il avait l'air d'aller bien). Il a fait ude thérapie de groupe, s'est guéri de son obsession de la propreté, a changé de boulot. À bêbe débédagé, « tu viendras prendre un café ? » Il ne regrette rien. Ni son ancien job, ni son appartebent si propre. « Je ne pouvais pas continuer à vivre comme ça, tu comprends. J'étais complètement obsédé par l'hygiène. Tu te rends compte, quand j'étais enrhumé, je me mouchais dans des préservatifs ! »

L'Eau qui dort

Je me présente : je m'appelle Henriette. Mais tout le monde m'appelle Rillette. Je voudrais bien écrire des best-sellers, être belle, gagner plein d'argent. Mais comme dit grand-mère, un grand duc s'élance souvent de très haut pour cueillir une souris minuscule.

Tout est parti d'un constat paru dans *Le Figaro* en décembre 2001. La manchette titrait : « Les éducateurs de la Nation lancent un cri d'alarme, les notes de suicide rédigées par les adolescents sont de plus en plus mal écrites ! » Le gouvernement se devait de réagir. L'année d'après, le ministère de l'Éducation créait l'ENE. L'École nationale d'écrivains. Ça fait maintenant quatre ans que ça dure.

Moi, j'ai toujours voulu devenir écrivaine. Petite déjà, tous mes amis l'étaient. La comtesse de Ségur. Enid Blyton. Georges Chaulet. Caroline Quine. Nous partagions tout, étions inséparables. À table, ma mère exigeait que j'arrête de lire, « tu ne vois même pas ce qu'il y a dans ton assiette ! ». Je lui répondais qu'il n'y avait pas besoin de voir pour manger. Elle prétendait le contraire. Je lui demandais comment les aveugles faisaient, alors. Elle me donnait une gifle, m'envoyait dans ma chambre. Je partais la tête haute en serrant mon livre sous le bras. C'est bien pour ça que je lisais. Ma mère n'a jamais su cuisiner.

Mes amis, eux, savaient cuisiner. J'avalais mes biscottes nature en découvrant les mets délicieux dont étaient nourries Camille et Madeleine. Des pâtés, des faisans en sauce, des tourtereaux grillés ou farcis, des colliers de tomates, des montagnes de crème et de fruits. Quand l'une d'elles était privée de dessert, je me levais solidaire de table et allais continuer à lire dans ma chambre.

Quand maman n'était pas là, j'avais le droit de lire à table pendant que papa se cachait derrière son journal. De temps en temps, il passait la tête au-dessus des pages, et moi, à côté de mon livre. On se souriait complices.

Les livres me fascinaient. Mon frère, lui, éventrait tous les appareils électroménagers. L'aspirateur, le magnétoscope, le téléphone. Il voulait voir ce qu'il y avait à l'intérieur. Posait soigneusement sur la table basse du salon toutes les pièces, les petites vis, les minuscules ressorts, les circuits conducteurs d'électricité, les câbles fins comme des fils de réglisse colorés. Ensuite, il remontait le tout. Quand il avait fini, il lui restait toujours des morceaux en trop (la télécommande marchait même avec une vis en moins). Moi, c'était pareil. J'ouvrais un livre pour en sortir toutes les pièces. Faire l'inventaire de ce qu'il recelait. Après l'avoir refermé, il me restait toujours des mots en trop. Je les gardais tous. Quand j'en avais suffisamment, j'écrivais un poème.

En CP, Monsieur, mon maître, m'a inscrite à un concours de poésie. Thème : les personnes âgées. J'ai gagné.

Voici le poème :

Ils sont là, ils sont vieux
Plus que nous souvent même
Tout courbés, tout miteux

Mais bien sûr qu'on les aime!

Leurs dents fausses se déchaussent
Pour ne pas faire de bruit
Leurs joues en sont moins grosses
Mais voyez comme ils rient!

Henritte Dusévoir

Il avait été publié dans *La Voix du Nord.* Huit vers sortis de ma paume. Enfin, pour être tout à fait franche, Monsieur avait rajouté la phrase-clé (*Leurs joues en sont moins grosses*) et j'avais eu l'impression d'usurper la victoire. En plus, ils avaient fait une coquille à mon nom.

Peu importe. Ce concours m'a permis d'entrer à l'ENE. C'est une condition sine qua non, avoir gagné au moins un prix littéraire. Quel qu'il soit. Le mien est peu reluisant, c'est vrai. Mais comme je dis toujours, il n'y a pas de petites économies.

Mais parlons un peu de moi. En juin, j'aurai terminé. J'écrirai quelques histoires homosexuelles. Ça se vend bien. Puis je me chercherai une grande maison d'édition qui fera beaucoup de publicité. Je serai riche. De toute façon, le marché du livre se porte bien. Un sondage récent a révélé que 70 % des Français lisent au moins un ouvrage par semaine. 70 % ! C'est bien ! Mais est-ce qu'on a dit aux personnes interrogées que le programme télé, ça ne compte pas ?

Le problème, c'est que je suis nulle. Je n'ai aucune originalité. Ni dans le style ni dans les thèmes. Et puis je suis trop vulgaire. Trop portée sur le sexe. C'est normal, écrire m'excite. Je dois sans cesse m'interrompre pour me masturber. Heureusement que les femmes peuvent avoir plusieurs orgasmes à la suite. Pour m'en sortir, j'essaie d'être disciplinée. Studieuse. Par exemple j'écoute chaque nuit *Du jour au lendemain* sur France Culture. À chaque rentrée littéraire, j'achète *toutes* les nouveautés dont je lis, du début jusqu'à la fin et sans exception, *toutes* les quatrièmes de couverture. En vacances, je rédige de longues lettres à mes parents, au père Noël, à des prisonniers. Ça paye. Je sens que je fais des progrès. Et puis nous avons la chance à l'ENE d'avoir des enseignants formidables. Bourrés de conscience professionnelle. Pendant son temps libre par exemple, notre professeur de français se promène dans les rues et corrige à la bombe rouge les fautes d'orthographe des graffitis.

L'ENE

Notre formation dure trois ans. La première année, on apprend surtout à lire. La deuxième, on écrit sur des sujets et dans des styles imposés. La troisième, on travaille exclusivement à une œuvre personnelle.

En tout, on est trois cent soixante-seize étudiants. Seul un tiers a vraiment du talent. Ceux-là ont réfléchi sur tout. Connaissent sur le bout des doigts la littérature française, belge, allemande, espagnole, italienne, anglo-saxonne, africaine, japonaise. Je me demande ce qu'ils foutent ici. Ils nous écrasent de leur supériorité et nous font sentir moins que rien (ce qui n'est pas beaucoup).

Le reste est nul.

Heureusement, je ne suis pas la plus nulle. C'est important pour la confiance en soi. Moi, au moins, je réfléchis avant d'écrire. C'est-à-dire que je sais *quel* auteur je plagie et *pourquoi*.

D'autres (comme un certain Achille) tirent leur créativité des drogues. Ils fument des joints, sniffent de la coke, sifflent du whisky ou se bourrent d'acide. Ça leur donne du « génie ». Je déteste ça. Achille, ce crack, il bouffe des champignons hallucinogènes et fume des pétards toute la journée. Le soir, il écrit comme un forcené. Hm. Il est beau son talent. Moi, ça m'est arrivé UNE FOIS d'en avoir. Ça m'a prise par surprise, comme ça, très fort. Depuis, je sais que le talent est une chose qui doit se vivre sobre. Comme le rire. Bourré, ça n'a aucun sens. On renverse la moitié à côté. Si j'avais un combat à mener, ce serait celui-là. Que l'on reconnaisse enfin la valeur de la sobriété. Oui, je voudrais être une écrivaine engagée. Comme le chanteur qui chante pour ceux qui n'ont pas de voix, moi, Rillette Dusévoir, j'écrirai pour les sans-papiers !

D'ailleurs, je ne veux pas de talent. Ça fout la pression.

Sinon, question relations humaines à l'ENE, c'est assez compliqué. Comme on a tous peur de faire naître des idées chez les autres, on ne parle jamais de soi. On ne veut pas devenir des personnages de roman. On est avares de confidences, méfiants. C'est pas bon pour l'amitié évidemment.

Et puis tous nos collègues sont susceptibles de nous piquer un jeu de mots, une métaphore, une idée, une belle phrase. Alors on ne formule plus nos pensées. On se tait. C'est pas bon pour la création évidemment.

D'ailleurs moi, j'ai décidé de ne plus parler du tout. Je refuse la tyrannie de l'oral. Le silence sera mon arme. Je dois être cohérente. Une écrivaine écrit, un point c'est tout. Jusqu'ici ça fonctionne plutôt bien. À la boucherie, par exemple, un simple coup de tête en direction du bifteck ou des merguez suffit. Ensuite, j'ai assez de doigts pour dire que j'en veux trois.

Le reste, je peux l'écrire.

Je trimbale partout mon fameux carnet de notes de l'écrivain. Je colle des bouts de papier en attendant le bus, chez le médecin, au bistrot. En boîte, ça fait fureur. C'est bien mieux de draguer par écrit que de crier dans les oreilles. De toute façon, moi, je ne drague pas. Mon copain ne veut pas. À lui aussi je ne m'adresse plus que par post-it. « Est-ce que tu peux acheter une baguette, chouchou ? Aller chercher ma veste au pressing ? Emmener la voiture chez le garagiste ? » C'est laargement suffisant. Daniel trouve ça con. Il est persuadé qu'on ne peut pas tout communiquer par écrit. Il essaie de m'amadouer avec ses yeux de chiots (allez, s'il te plaît, dis quelque chose, ta voix me manque). Je ne vois pas pourquoi il se plaint. Les hommes n'aiment pas parler de sentiments.

D'ailleurs, cette pratique intensive de l'écriture commence à porter ses fruits. J'ai rendez-vous demain matin avec une éditrice ! Elle a lu quelques chapitres de mon roman. Elle veut me rencontrer à 8 heures juste avant de reprendre son train pour Nîmes. Ça sera court, mais suffisant pour savoir si oui ou non elle publie mon livre.

On dit que l'avenir appartient à ceux qui se lèvent tôt. Faux. Ce qui leur appartient, c'est surtout la mauvaise haleine. Et la mauvaise humeur. Tant pis. C'est LE rendez-vous de ma vie. Soit demain, à 9 h 04, je suis écrivaine, soit j'arrête d'écrire. C'est à cause de la superstition. Je fixe des significations aux choses, moi. Si la chanson se termine avant que l'eau ne bouille dans la casserole, ma journée sera bonne. Si je vois au moins sept voitures rouges sur le chemin de l'ENE, je vais réussir mon examen. Si l'ascenseur arrive en moins de cinq secondes quand je l'appelle et qu'il y a plus de deux personnes à l'intérieur, il va s'écraser.

J'ai mis mon réveil, mon téléphone portable, ma cafetière, 6 heures, 6 h 15 et 6 h 45. J'ai peur de ne pas les entendre. Quand on est insomniaque comme moi, on dort d'un sommeil de mort le matin. J'ai laissé un post-it à Daniel pour qu'il me réveille à 7 heures au cas où.

11 h 28.

Je me réveille en sursaut. embrumée. hébétée.

Sur la table de chevet, un post-it de Daniel : *Debout, Rillette, il est 7 heures !*

No milk today

À 15 ans, je ne croyais pas en l'amour. Pour quoi faire ? Pour être obligée de supporter ce que je n'aurais pas eu besoin de supporter si j'étais restée célibataire ? Non. Merci. Je ne connaissais pas de plus grande mascarade que les mariages. Un vrai supplice. Tous ces gens pomponnés qui s'empiffrent parce qu'il faut bien tenir jusqu'à Noël. Toutes ces femmes qui espèrent rattraper le bouquet de la mariée qui fera d'elles la future divorcée. Tous ces hommes qui finissent complètement bourrés, le pif luisant et des auréoles plein les aisselles, à faire glisser avec leurs dents la jarretière de la malheureuse. Et tous se trémoussant, gesticulant et grimaçant *I will surva-aï-ve!* À quoi ils veulent survivre ? Au couple ? Après tout, c'est vrai, ils divorcent bien avant la mort.

Et puis mes grands-parents qui me demandent tout le temps : « Alors, c'est quand ton tour ? » Ils ont arrêté cette blague stupide quand j'ai commencé à leur demander la même chose aux enterrements.

Mais évidemment, je l'ai rencontré.

Bernard.

Je ne peux pas dire que ça a été le coup de foudre. On était trop sobres pour ça.

Il était perché sur une échelle dans le métro en train de coller une énorme affiche publicitaire pour *Psychose* de Sarah Kane. Les suicidés, j'aime bien. J'ai voulu relever les dates de représentation, le numéro de téléphone du théâtre, le sien. J'ai sorti un stylo de mon sac. Puis j'ai parlé. Il fallait être adroite. Je lui ai raconté pourquoi j'étais à Paris et pourquoi je n'allais pas y rester et qu'il dégageait une forte odeur de mâle. Ça m'excitait. Puis je suis restée un moment. Lui sur son échelle, moi en face. Il a fini par avouer qu'il aimait les filles qui n'avaient pas la langue dans leur poche. Les pipelettes, il a dit, sont les reines des pipes. Trois frissons m'ont parcouru l'échine.

La semaine d'après, on s'est revus. C'était dans un café. J'étais contente. Pendant toute la conversation, j'ai contracté. décontracté, contracté. décontracté, contracté. décontracté mes muscles du cul. Comme un cœur qui bat. Il m'a parlé de sa famille en agrippant fermement son verre de bière. Il avait l'air d'un sinistré. J'ai eu envie de lui ébouriffer les cheveux.

Sa mère, il a dit, était tellement difficile à vivre que sur sa liste de mariage déposée chez IKEA, elle a demandé un mari. Ça a marché. Elle a rencontré Serge Ikse, employé depuis deux ans. Les premiers mois furent idylliques. Serge avait une réduction de 15 % sur tous les produits du magasin. Ils s'installèrent dans un petit nid très doux. Puis Jocelyne tomba enceinte. Elle fut prise d'angoisse à l'idée de faire une bêtise. Faisait attention à ce qu'elle mangeait. ne portait plus de valises. buvait beaucoup d'eau. déposait son casque de walkman sur son ventre pour développer la culture musicale du fœtus. Et si elle accouchait d'un enfant trisomique ? ou malformé ? Elle a commencé à fumer pour se calmer. Clope sur clope. Jusqu'à ce que le médecin l'avertisse que la vie du bébé était en jeu.

Serge Ikse ne pensait qu'au sexe. Il croyait dur comme fer au fameux *Coïto ergo sum.* Cette obsession était devenue le sujet de plaisanterie favori des Ikse. Tous ceux qui participaient à un repas de famille pour la première fois avaient droit à l'histoire de l'aéroport de Bangkok. Sur la carte de débarquement, Serge avait écrit Name : *Serge.* Surname : *Ikse.* Sexe : *quinze fois par semaine.* No, lui avait expliqué l'officier de police, vous devez pwéciser *Homme* ou *Femme.* Oh, ça m'est égal avec qui, avait répondu M. Ikse.

Pourtant, pendant toute la grossesse, Serge Ikse n'avait pas touché une seule fois Mme Ikse. Il était atteint du célèbre blocage. N'arrivait plus à désirer son épouse. Et puis il ne voulait pas que la première chose que voie son fils – parce qu'il allait avoir un fils évidemment – soit le pénis de son père.

Plus de relations sexuelles, un corps qui avait triplé de volume, des nausées jusqu'au onzième mois, et puis surtout. surtout. un accouchement qui avait duré *soixante-douze heures*: le traumatisme post-partum fut terrible. Jocelyne Ikse refusa de toucher son enfant. Elle le trouvait hideux, fripé, comme après six mille quatre cent quatre-vingts heures dans un bain moussant. Elle sombra dans une profonde dépression. On lui conseilla une maison de repos à la campagne qui misait sur le contact avec la nature pour redonner à ses patients goût à la vie. Il s'agissait d'une ferme pleine d'animaux, poules, cochons, chèvres, ânes, poulets. Jocelyne Ikse. Tous les jours, elle allait traire les vaches en pensant à son petit. Au bout de sept mois, elle était guérie.

Bernard ne se souvient pas de ces premiers mois. « Elle ne m'a pas allaité », c'est tout ce qu'il a su me dire.

La première fois qu'on a fait l'amour, j'ai compris ce que ça signifiait. À peine nous étions nus qu'il collait sa bouche contre ma poitrine. Il ne m'a plus lâchée. A léché. aspiré. sucé. tété. tout en agrippant du poing mon autre sein. C'était un souffle au cœur, quelque chose d'incestueux. J'avais, accroché à mon buste, un grand enfant dont je tenais la tête entre mes mains, toute cette salive sur ma poitrine, ses cheveux qui me chatouillent la gorge, sa grande bouche, sa langue, ça m'excitait terriblement ! Sa langue jouant et rejouant avec mon téton, ses lèvres, il entre en moi par le sein, tète, mon fils, pénètre, tète, mon petit, viens là… Bernard…

Lui sort de nos ébats blessé. Je le sais. Il ne dit rien, mais se recroqueville. frappé de stupeur. trompé. Il a tété. tété. et tété

et il ne reçoit aucun lait.

Les femmes, dit-il, sont comme des poupées russes. On croit qu'elles ont quelque chose à l'intérieur, mais c'est du pipeau. C'est la même en plus petit. et encore. et encore plus petit. Jusqu'à atteindre sa véritable dimension. Minuscule. Et vide.

Alors on a décidé de faire un enfant.

Bien sûr, on devait d'abord se marier. C'est ce qu'on a fait. L'église était bondée. Moi, tutu en tulle blanc. Lui, très chic, costume-cravate. J'étais contente qu'il joue le jeu. Et puis j'adore les cravates. Ça fait beaucoup moins con qu'une laisse.

Pendant la nuit de noces, il a cependant avoué qu'il ne voulait pas être le géniteur. Boire un lait qu'il aurait lui-même contribué à produire serait une sorte d'inceste. On s'est donc mis à la recherche d'un père pour notre pitchoun. Dans le bois de Boulogne. C'était l'été, il faisait chaud, les grillons chantaient dans l'herbe leurs cricris d'amour

— C'est pas les grillons, chérie, c'est les fermetures éclair.

J'ai fermé mes grands yeux de sotte et on a trouvé notre bonheur.

Le jour où j'ai accouché fut le plus beau jour de ma vie. Mon bébé, ce petit être si mignon sans défense dans son berceau, je l'ai étranglé – mort subite du nourrisson. Ensuite, Bernard m'a fait l'amour sur mon lit d'hôpital. Comme jamais. Mes seins étaient lourds, il en était fou. « Tes tétons… susurrait-il, tes tétons gravent dans le creux de ma main la ligne de chance. » Il a tété, longuement, tout en humidité. ses lèvres, muqueuses, élastiques. mouillées. sa bouche, un sexe. Quand le lait a jailli pour la première fois, tout chaud, il a poussé des miaulements de chaton, m'a enlacée avec force, a pressé son visage contre ma poitrine, n'a plus décollé sa bouche de mon sein. Moi, je me suis frottée contre l'os de sa hanche et j'ai joui.

Ça devait être le bonheur.

Mais voilà, Bernard s'en veut. Il n'arrive pas à oublier le gamin. Un bébé aux paupières toutes fines, striées de veines bleues, ça ne lui sort pas de la tête. Il ne veut plus me faire l'amour. Me traite de nymphomane, cette maladie inventée par les hommes pour désigner les femmes qui en ont aussi souvent envie qu'eux. Il ne veut plus me pénétrer. Dit qu'il se sent bizarre à l'intérieur. Comme s'il tombait. Et puis que ça colle. Par contre, il veut bien que je le masturbe. Moi, ça ne m'arrange pas, je n'ai jamais su branler les hommes. J'attrape tout de suite des crampes à l'avant-bras. Il m'a dit que c'est parce que je m'y prenais mal, « le mouvement de va-et-vient ne s'effectue qu'avec le poignet ». Ça doit être une question d'entraînement. Maintenant, je m'exerce en me brossant les dents.

Ce qui devait arriver est arrivé. L'hôpital a appelé pour dire que notre bébé étant mort dans leur établissement, ils ont dû pratiquer une autopsie. C'est la règle. Puis ils ont lancé des mots pas beaux : strangulation. Meurtre. Soupçons. Police. On a été placés en garde à vue.

Bernard, la petite nature, a craqué.

Il a expliqué au policier qui nous interrogeait que ni moi ni lui ne voulions d'enfants. Ou plutôt, qu'on ne voulait pas être parents.

Vous comprenez, monsieur l'inspecteur, les parents, c'est deux personnes qui apprennent à un enfant à marcher et à parler, pour ensuite lui dire de s'asseoir et de fermer sa gueule.

Puis il a raconté, sa mère, sa naissance, l'allaitement refusé, la frustration.

L'inspecteur l'a fait s'agenouiller. Il s'est approché de lui, a dégrafé sa ceinture, ouvert son pantalon, tiré Bernard par les cheveux, vers son sexe. dur. dressé. avec le gland qui ressortait bien, et il lui a dit : « Suce, mon mignon, je vais t'en donner, moi, du lait ! »

Ô solo mio

J'ai 32 ans et je vis seule. J'ai toujours vécu seule. Avec ma mère. Mon père est mort deux ans avant ma naissance. Je ne peux pas dire qu'il m'ait manqué, mais ça ne faisait pas grand-monde dans la famille. Ma mère était elle aussi fille unique. Elle n'avait pas d'amis. Elle travaillait beaucoup.

Maman était infirmière, elle faisait souvent des gardes de nuit. À Noël ou à mon anniversaire, je décorais la table, me cuisinais un bon repas, soufflais les bougies, m'offrais moi-même des cadeaux. Ça ne m'empêchait pas d'être heureuse. Ça a joué contre moi. Les gens n'aiment pas les gens seuls. Ils m'évitent comme un embouteillage.

Mais la solitude a ses avantages. Personne ne peut me juger en fonction des gens avec qui je suis. L'inconvénient, c'est que je ne peux pas me comporter de manière insolite, douteuse ou inhabituelle. Dans un groupe, l'excentrique, c'est le boute-en-train. Seul, c'est un fou.

Avant, je travaillais dans un bureau. Maintenant, je travaille à la maison. Ça s'appelle le télétravail. Je reçois des coups de téléphone de gens seuls et qui ont besoin de parler. Je les écoute. Je leur donne des conseils. C'est facile. J'aime bien.

Mais les gens ont l'air d'aller bien. Je reçois très peu d'appels. Dommage.

Comme j'ai le temps, j'ai changé la disposition des meubles chez moi. Comme j'avais encore du temps, j'ai changé la disposition des pièces. J'ai mis la cuisine dans ma chambre, les cabinets dans la cuisine, ma chambre dans le salon et la pièce qui restait, j'en ai fait un placard à balais. Maintenant, c'est un plaisir d'aller aux toilettes. Elles sont énormes. Je dois même me lever pour aller m'essuyer parce que le rouleau de papier pend près de la porte. J'y ai mis des plantes aussi. Et des livres dans tous les coins. Ma cuisine, elle, donne sur une cour intérieure. Elle est calme, agréable. Devant la fenêtre, il y a un arbre et dans l'arbre, un oiseau. Je le regarde quand je fais la vaisselle. Ma chambre, elle, je ne l'aime pas. Elle a vue sur le carrefour. Ça fait du bruit. Par contre, chaque fois que le feu change de couleur, la tapisserie passe au rouge. À l'orange. Au vert. C'est chiant. Mais c'est beau !

Avant, je mangeais à midi pile et à 19 heures. Tous les jours. Maintenant, comme je n'ai vraiment aucune raison d'attendre, je mange à 11 heures et à 18 heures. En réalité, j'avance les repas d'une heure tous les jours parce que je n'ai rien d'autre à faire. Manger fait passer le temps. Et puis vraiment, pourquoi attendre ?

J'ai continué d'avancer l'heure des repas. Déjeuner à 10 heures du matin et dîner à 17 heures. Puis déjeuner à 9 heures et dîner à 16 heures. Puis : 8 heures et 15 heures. 7 heures – 14 heures. 6 heures – 13 heures. Et ainsi de suite. Jusqu'à recommencer à manger à midi pile et à 19 heures. *MAIS DE LA VEILLE.* Résultat, je mange maintenant cent trente-huit jours avant. J'essaie de cuisiner beaucoup de légumes verts (c'est sain), du poisson, des féculents, un verre de vin par jour.

Ça fait maintenant cinq mois que j'avance l'heure des repas. Le temps passe vite. Je dois tout préparer à une vitesse record. Je me suis mise aux conserves, plats surgelés, soupes en poudre, ça va plus vite. Parfois pour dîner, je m'enfile juste une baguette et une plaque de chocolat. Du aux noisettes. Mon préféré (malgré tous les noyaux). Il faut suivre le rythme.

Ça devient impossible. Je suis tout le temps stressée. Le téléphone sonne quand je suis en train de cuisiner, de grignoter. La dernière fois, un mec a appelé pour se plaindre de l'absurdité de la vie. Il pensait au suicide. Mais trouvait même la mort ridicule. Le non-sens total. Le comble du non-chench, je lui dis, ch'est le chauchichon, pourquoi on vide les boyaux pour les re-remplir après ? Une femme se faisait du souci pour son fils. Il suce encore son pouce à son âge. Je lui ai dit, ne vous inquiétez pas, un enfant arrête quand il commence à parler. Les mots remplacent la succion. Elle m'a dit, il a 46 ans. Moi : Vous croyez qu'il s'est remis à sucer son pouce quand il s'est aperçu qu'il ne disait que des conneries ?

Franchement je n'en sais rien. Et je m'en fous. J'ai d'autres chats à fouetter. Je mange maintenant trente et un ans avant, c'est-à-dire, si mes calculs sont bons, que j'ai exactement 63 ans. Mon corps se détériore. J'ai l'impression de porter une grenouillère qu'on a oublié de repasser. Il est temps de prendre ma retraite. Je suis passée à ma caisse d'assurance maladie pour remplir les papiers. Ils n'ont pas voulu. Soi-disant, je n'ai pas encore l'âge. Je partirai donc en *pré*-retraite. Mon chef m'a dit qu'il était d'accord. M'a pourtant flatté l'épaule sous mon pull agora les larmes aux yeux. Je n'ai pas réussi à savoir si c'était l'émotion ou son allergie aux poils de chat. En tout cas, à moi la belle vie.

Le troisième âge, c'est vraiment le pied.

Tout est prévu pour nous faciliter la vie. Livraison de repas à domicile, garde personnelle, aide-ménagère pour les courses, le ménage, le repassage, les petits travaux de jardinage ou le bricolage, assistance pour les soins de toilette, kinésithérapeute, pédicure. Y compris dimanches et jours fériés.

Et puis il y a les voyages organisés. Là, je rentre de Jordanie. Deux semaines de croisière à bord du *Pullmann-Express*, un paquebot de rêve sur lequel les plus grandes stars d'Hollywood, Greta Garbo, Grace Kelly, Leonardo Di Caprio, ont vomi dans les toilettes. Un décor somptueux. Et tous les soirs un dîner gastronomique préparé par Lenôtre puis servi en musique dans la grande tradition des années 30. La Jordanie, c'est vraiment le luxe. Sur le bateau, j'ai rencontré Eugène. Eugène Goujat. Son nom m'a tout de suite interpellée. Me suis sentie proche de lui. L'ai imaginé enfant taquiné par ses camarades de classe. Il y a des noms difficiles à porter. Costard par exemple. Marcel Costard. Le meilleur ami d'Eugène. Quand il était petit, on l'appelait tout le temps Marcel Connard.

Eugène et Marcel sont amis d'enfance. Ils se

sont perdus de vue pendant des dizaines d'années. Maintenant, à 82 et 83 ans, ils se retrouvent par hasard dans la même maison de retraite. La vie est extraordinaire.

Marcel est un petit vieux fringant. Extrêmement bien conservé comparé aux gens de notre génération. Le pape par exemple. Il est là, avachi dans son fauteuil, la tête ballante sur la poitrine. On dirait une marionnette que Dieu n'a plus envie de manipuler. Marcel, lui, peut se targuer à 83 ans de n'avoir ni dentier ni cheveux blancs. Marcel est chauve.

Eugène, quant à lui, est d'allure un peu rude. Quand il était petit, c'était un vrai boudhiste, tout le temps en train de bouder. Aujourd'hui encore, il a l'air d'un père Noël qui n'aurait pas reçu de cadeaux. La première fois que je l'ai vu, je lui ai lancé un regard soutenu. Je voulais lui montrer qu'il m'intéressait. Ça n'a pas marché. M'a complètement ignorée. J'imagine que j'aurais éprouvé moins de difficultés si mes yeux avaient été placés sur ma poitrine.

Même à 82 ans, les hommes ont des problèmes de vue.

Mais je suis tombée amoureuse de lui. Je ne sais pas pourquoi. J'imagine qu'à mon âge, je pressens encore avec délectation ce qui peut me faire souffrir.

Après deux semaines en Jordanie, j'ai eu du mal à rentrer chez moi. Les autres retournaient aux Jardins de Jouvence, leur maison de retraite. Tous ensemble. Là-bas, ils s'amusent. Se cachent les prothèses, s'échangent les dentiers, jouent aux billes avec les yeux de verre des autres pensionnaires. Pendant que moi, dans mon grand appartement vide, encore et toujours toute seule… J'ai laissé mon numéro de téléphone à Eugène.

Pendant deux jours, j'ai campé à côté de l'appareil. Pas de nouvelles. Jusqu'à hier où je l'ai rencontré par hasard chez Intermarché. « J'ai essayé de vous joindre samedi toute l'après-midi », m'a-t-il dit. Bizarre. Samedi, je n'ai pas bougé de la journée. Quand on mange quarante-deux ans avant comme moi, il faut s'astreindre à une discipline de fer. J'ai passé treize heures derrière les fourneaux. Les vapeurs des casseroles formant un sauna naturel, je plongeais toutes les quinze minutes dans un bain glacé. Avec quelques carottes. Même à mon âge, je m'accorde ce petit plaisir (de toute façon, je les pèle après). Alors je me demande comment j'ai pu rater le coup de fil d'Eugène. Je n'ai même pas décroché quand le téléphone a sonné (je ne voulais pas que ça soit occupé au cas où il appellerait).

C'est décidé. Je vais aller vivre aux Jardins de Jouvence. Il m'a fallu soixante-seize ans pour me faire des amis, maintenant, plus question de les lâcher. Il suffit de payer les cotisations.

Nice. Un foyer privé à deux enjambées en canne de la mer.

Je suis tellement heureuse ici.

Les cuisinières ont du mal à comprendre mes habitudes alimentaires (mais les résidents sont rois). Quant aux aides-soignants, ils se font du souci à cause de mon processus ultra-rapide de dégénérescence. Ils me traitent comme du coton.

Les autres retraités sont tous gentils. En plus de Marcel et Eugène, il y a Colette. Colette est l'une des plus jeunes. Elle paraît 75 ans grâce à la chirurgie esthétique. En fait, elle en a 67. Elle s'injecte de la silicone dans les rides. Colette raconte avec un tremblement dans la voix « la ptose » du visage, cet odieux affaissement qui la rendait si triste. « Mes paupières fléchissaient, mes joues s'effondraient, les poches sous les yeux... » Thérèse, ma voisine de chambre, a, elle, décidé de faire un lifting. Un vrai. Un qui ne se voit pas. Juste pour redonner l'ovale du visage en gardant les rides.

Les hommes se soucient moins de leur apparence. Ils exhibent leurs flétrissures, le corps plissé comme des tripes. Il y en a qui sont tellement vieux qu'on n'arrive plus à savoir leur âge. Selon Eugène, il suffirait de scier une jambe et de compter les cernes. Il a de l'idée, mon Eugène.

Par contre, ce que je n'aime pas ici, c'est l'organisation. Tous les jours, on est obligés de participer à un tas d'activités. Pire que le Club Med. Ils appellent ça des « ateliers ». Moi je dis que c'est de l'esclavagisme. La plupart des résidents étant tellement voûtés qu'on dirait qu'ils font du limbo à l'envers, hop, aux ateliers champignons, vendanges, atelier ramassage de détritus sur le gazon du foyer. Tous les matins, ils nous font prendre un bain de boue. C'est malin. Des bains de boue à des vieux. Pour qu'on s'habitue à la terre ? Il y a aussi la fête des vieux tracteurs, le thé dansant, les repas exotiques, les anniversaires, les enterrements, les dominos, la pétanque. À Noël, on nous installe une crèche *vivante* (quel manque de tact). Le dimanche de Pâques, les médecins cachent nos médicaments dans le jardin et on a la journée de libre pour les chercher. On se prend tous au jeu. Certains cherchent parfois jusqu'à la tombée de la nuit. Question d'honneur. Surtout pour les malades du cœur.

Et puis il y a aussi le café *L'autre Rive*. Selon le prospectus : « Ce café joue un rôle très important et témoigne d'une volonté de faire de l'établissement avant tout un lieu de vie. *L'autre Rive* est ouvert très modestement (une demi-heure par jour). »

Enfin il y a une salle de lecture. Les livres sont un peu vieux, mais on s'habitue. J'y ai trouvé un glossaire franco-allemand d'aide aux personnes âgées édité par l'OFAJ, Office franco-allemand de la jeunesse. Trois ans d'enquête pour recenser les mots qui nous concernent. Ça m'a émue. Que la jeunesse s'intéresse à nous comme ça.

Je l'ai ouvert. À la lettre A, il y avait dans l'ordre :

Abattement. Abattu. Absence d'esprit. Abus. Accablé. Accroche-canne. Acte de décès. Adaptation. Administrer (médicaments). Affaibli par l'âge (*cf.* sénile). Âgé. Agonisant. Aigri.

Aiguë (maladie). Alèse. Aliénation. Alité. Ambulance. Amertume. Amnésie. Angoisse. Ankylosé. Antispasmodique. Anxiété. Appareil de correction auditive. Arrêt du cœur.

Je l'ai refermé d'un coup sec. C'était clair : Glossaire à usage des vieux qui ont la malchance d'être bilingues.

Bien sûr, on pense tous à la mort. Parfois même on en parle. Certains sont pour l'euthanasie, d'autres contre. « Moi, a dit Colette, je voudrais mourir comme mon grand-père. Il est mort en s'endormant, il n'a rien senti. Je détesterais mourir en souffrant et en hurlant comme les passagers dans sa voiture. » On était tous d'accord.

Ce qui est dur en maison de retraite, c'est ça. Voir ses amis tomber un à un comme des mouches sous la pluie.

Marcel et Eugène sont morts hier dans la soirée. Ensemble. Ils m'ont laissée toute seule.

Et les autres aussi. Depuis quelque temps, c'est l'hécatombe.

Un service chirurgical s'est installé dans l'aile droite du bâtiment pour pouvoir intervenir directement en cas d'urgence. Les médecins trouvent ça plus pratique. Moi, je me sens de plus en plus vieille. J'attrape des bleus dès que je me cogne. N'ai plus envie de rien. Mon arthrose me fait souffrir. Le chirurgien en chef m'a proposé une opération de la cataracte, il paraît que c'est courant à mon âge. C'est vrai, j'ai un voile devant les yeux. Aux enterrements, je ne vois même plus qui est qui.

Je suis dans le bloc opératoire. Ils n'ont pas bien dû doser l'anesthésie, j'ai l'impression d'être à moitié consciente. L'important, c'est que ça ne fasse pas mal. Je vois des boules de chair qui flottent. Comme des lampadaires dans le brouillard. Je suis incapable de faire le moindre mouvement. Mon corps est un bloc de béton. C'est presque agréable. Je suis là mais je ne sens rien. Et puis je l'entends. Le chirurgien : « Ça, on le garde, on en aura besoin pour l'autopsie. »

Analogique

Recueillir le plus d'images possible pour combler le vide infini ? Pour exister. Par peur de vieillir. De mourir. D'oublier ou d'être oublié. C'est pour ça qu'on fait des photos ?

Et pourtant les photos réduisent tout. Elles font perdre la mémoire. Se substituent aux souvenirs. De nos aventures, on n'a finalement plus que des *clichés*.

C'est à cause du flash, il aveugle, nous fait croire que

Hop

Les humains veulent laisser une trace. Comme un pet foireux.

Certains disent que les photos servent à partager, à montrer ce que l'on a vécu à ceux qui n'avaient pas la chance d'être là. Alors, pourquoi personne n'aime les soirées diapos ? Quand nos bons amis revenant de trois semaines de randonnée dans le Vercors nous invitent à partager leurs souvenirs, quelque deux cents clichés qu'ils commentent, lumière éteinte, grand format, image en plein dans la gueule, et qu'on n'a qu'une envie, c'est faire valdinguer la petite table avec le projecteur dessus, les diapos, tout piétiner, une coupure de courant, ou simplement, simplement, qu'ils passent à la photo suivante *(ça va, on l'a vue celle-là !)*.

Les diapos, c'est comme les pets, ça fait fuir tout le monde à part leur auteur.

Moi, je dis qu'en fait on fait des photos pour montrer aux gens *Regardez où je suis allé ! Et là avec mes amis, qu'est-ce qu'on s'amuse, voyez comme on rit, comme on est drôles !* Devant un paysage, pendant un anniversaire, c'est pareil. On prend des poses qui vont bien rendre. On se porte, on lève notre verre, on se chatouille, on rigole, on organise de bonnes photos. Et donc de bons souvenirs. Cheese ! Le petit oiseau va sortir. Les photographes sont des exhibitionnistes.

Regardez ces Japonais devant l'Alhambra à

Grenade. Je les ai vus ! Les petits Japonais, descendre du car, sortir leur appareil, l'astiquer, mitrailler l'édifice, clic, dans la boîte, remonter dans le car et partir.

Les gens adorent coller de belles images dans de beaux albums photos reliés en cuir bleu ou rouge. Ils se prennent pour des popstars. Tous les ans, ils sortent un nouvel album.

Moi, partout où j'ai vécu. Partout. Jamais fait de photos. Bourges. Bruxelles. Berlin. Barcelone. Aucune photo. Rien. Je ramène autre chose de mes voyages, une tache de fraise sur mon t-shirt, mon walkman cassé, des choses qui ne représentent pas mais *sont.* J'aurais pu régulièrement regarder des clichés – j'aurais alors laissé échapper les souvenirs petit à petit comme la pression dans une cocotte-minute. Mais je ne sais pas cuisiner. Quand je retourne sur les lieux de mon passé, avec la pression accumulée, la cocotte éclate aux quatre coins des rues. En sanglots.

En vérité, je n'ai jamais eu les moyens de me payer un appareil photo. Plutôt que de l'avouer, je préfère faire la rebelle. Dénigrer. Le jour où on m'en offrira un, je changerai certainement d'avis.

Ce sera un bel appareil Kodak Advantix 4100ix, 35 mm, autofocus, détection de phase TTL et pentaprisme fixe au niveau de l'œil. D'un poids d'à peine 785 g. Et puis surtout analogique. J'apprendrai à faire moi-même le développement en noir et blanc dans une pièce éclairée en rouge.

Je commencerai alors un reportage sur ma vie. Je prendrai tout en photo. Mes tickets de caisse, mes factures de téléphone, mes places de cinéma, ce que les vieux me racontent dans le parc.

Je cliquerai aux anniversaires. Je cliquerai en vacances. Je cliquerai au travail. Je cliquerai parce que ça me fera plaisir et parfois aussi pour faire chier les autres. J'achèterai de beaux albums reliés en cuir rouge ou bleu et j'y rangerai mes clichés par ordre alphabétique. Je comprendrai finalement que les photos sont très utiles. Comme dit le Chat : « Si vous donnez un poisson à un homme, il mangera un jour. Si vous lui donnez la photo d'un poisson, il pourra le regarder toute sa vie. »

J'accrocherai ces photos chez moi à des cordes à linge. Au début, je les classerai en fonction des pièces. Les « professionnelles », je les mettrai dans mon bureau. Celles de la vie quotidienne, dans la cuisine et le salon, celles de « l'intimité », dans ma chambre, enfin, celles qui me feront chier, dans les toilettes. Mais il y en aura bien vite trop de cette catégorie (surtout pour une si petite pièce). Je finirai par tout mélanger.

Une fois par jour, je regarderai toutes mes photos. Un vrai travail de mémoire. Le soir, j'accrocherai les nouvelles en écoutant les infos.

L'affaire se développera bien.

Et puis un jour j'irai à Marly, à Marchiennes ou non, tiens, à Marseille ! Une ville touristique dans laquelle personne ne s'étonnera de me voir prendre des photos à chaque coin de rue.

À Marseille, il y aura de la lumière. Une inondation de lumière jusque sous mes vêtements. Je passerai le plus clair de mon temps à l'ombre. Pourtant je n'aurai pas besoin de flash, jamais, même le soir quand le ciel sera vraiment vert foncé. La lumière a dû être inventée à Marseille.

J'irai dans une auberge de jeunesse à vingt euros la nuit et je ferai connaissance avec des Allemands et des Suisses que je prendrai en photos. Et puis des punks. Il fera chaud, tellement chaud que je devrai acheter de la glace à la vanille pour que le frigo reste froid.

À Marseille, il me semblera découvrir ma vraie nature, mon sang italien qui n'a jamais eu l'occasion de s'exprimer à Dunkerque. Je parlerai fort. Je pincerai les joues des vieilles dames dans le bus. Je rirai à l'éclat du diamant même quand ça ne sera pas drôle. Je mangerai beaucoup de tomates ou les boirai en jus comme dans les avions. Je marcherai lentement, lentement. Normalement, on reconnaît le touriste à son nez en l'air. L'autochtone a déjà tout vu. Il est pressé, en retard au boulot, doit aller chercher ses gosses et faire les courses avant que les magasins ne ferment. Le touriste, par contre, déambule dans les rues

flâne

se promène

le touriste a tout son temps.

Eh bien à Marseille, les Marseillais marchent encore plus lentement que les touristes.

Partisan du moindre effort, quand un Marseillais a le hoquet, il en profite pour faire l'amour à sa femme.

J'irai me promener sur la Canebière et me dirai que la Canebière, c'est vraiment de l'arnaque. Pas une petite rue pittoresque le long du Vieux-Port bordée de bâtiments roses et jaunes, que nenni, une grande avenue commerçante avec des voitures et des bus !

Je flirterai beaucoup. Je ferai en sorte que brillent mes billes noires et je lancerai des regards mimides, du genre biche aux longs sourcils qui aimerait bien, mais n'ose pas. Je couverai des yeux les œufs de ces messieurs. Je ne pourrai malheureusement pas photographier tous ces bellâtres en tongs parce que j'aurai oublié mon appareil dans l'auberge de jeunesse. Tant pis. De toute façon, j'en aurai vite marre. Flirter sans arrêt, c'est comme le cumul des mandats, ça devrait être interdit.

J'irai au Stade-Vélodrome pour acclamer Lizarazou qui viendra d'être acheté par l'OM – poulet de luxe. Pour une fois, les automobilistes auront une raison de klaxonner dans les rues.

Je ferai les soldes. À Marseille, ça sera la mode des nuisettes. Les femmes les porteront sur leur jean et leur jupe en mini loupe. Je m'achèterai aussi des sandalettes dans un magasin de chaussures dont la vitrine ne sera qu'une grande réclame jaune fluo : 70 % de solde sur 100 % des chaussures homme femme enfant[1].

1. Sauf toiles, plage, pantoufles, chaussures montantes et nouvelle collection.

Je prendrai le ferry-boat pour aller d'une rive à l'autre du Vieux-Port. Les Marseillais l'appelleront « ferry boîte » ou « ferry boate ».

J'irai dans un grand centre commercial qui s'intéressera vraiment aux gens. L'affiche publicitaire dans les abribus le dira : « L'important, c'est vous. Marseille Grand Littoral, centre commercial régional. À 10 minutes du Vieux-Port. 180 magasins. Centre climatisé et parfumé. » Eh oui, à Marseille, il fera chaud, et ça puera.

Je rentrerai à l'auberge.

Là-bas, les Allemands seront assis sur leur lit en se tenant la tête entre les mains. Ces gentils punks auront mis la chambre sens dessus dessous, mon sac à dos sera éventré, mes vêtements éparpillés aux quatre coins de la pièce, vite vite, je chercherai mon treillis kaki, dans la poche, ouf, ils n'auront pas piqué mon appareil photo ! Par contre mon passeport et ma thune.

Les connards.

J'irai prendre une douche pour me calmer. Ma trousse de toilette sera à sa place, avec dedans le savon de petit marseille, mon shampooing antiregraissant, ma brosse à dents et mon dentifrice pour sourire éclatant. La douce pluie de la douche me fera du bien.

Comme quand j'étais petite et que j'avais mal à la tête. Les grosses gouttes d'eau tomberont en gousse du pommeau, au ralenti, sur mon crâne, aplatiront mes cheveux sur mon visage, glisseront le long de mon corps. Puis d'une main, je dégagerai mes cheveux pour me savonner les joues. Ensuite je me brosserai les dents sous l'eau. Longuement. J'ai toujours aimé me brosser les dents. Quand j'étais petite, mes parents avaient acheté un petit sablier de trois minutes pour que je sache quand je devais m'arrêter, sinon, je continuais et continuais. Je me laverai aussi les cheveux, après-shampooing en douceur. Enfin, nettoyée des mesquineries du quotidien, je fermerai le robinet.

La nuit, les cormorans crieront comme des moutons qu'on égorge à l'Aïd ou des cochons et des poules sous ecstasy.

Après quelques jours à Marseille et une plainte déposée au commissariat pour vol de passeport classée sans suite, je rentrerai à Dunkerque.

Bronzée et quand même requinquée.

La première chose que je ferai en arrivant chez moi, sera – bien sûr – de développer mes photos. Hop, dans ma salle de bain noire, mon agrandisseur, mon scoponet, le révélateur, bain d'arrêt et fixateur (un litre dans chaque bac) et mes trois pincettes.

Les premiers clichés – miracle sans cesse réinventé du développement photographique – apparaîtront petit à petit. Durcissement progressif de noirs et de blancs. Détails et contours qui surgissent. La Bonne Mère. Le stade. Le panneau de la rue Montgrand. Les fils électriques qui pendent. Les poubelles qui dégueulent. Les chaises dehors et les gens assis dessus.

Et puis un punk. Un deuxième punk. Un troisième punk. Un punk ricanant qui tient ma brosse à dents de la main gauche et la montre de l'index droit. Un punk qui introduit la tête de ma brosse à dents dans son anus.

Avide au pays des merveilles

Je suis radine. Déjà toute petite, j'étais constamment constipée parce que je ne voulais rien offrir à mes parents.

Patrick, mon compagnon, c'est pareil. Je détesterais partager ma vie avec quelqu'un qui jette l'argent par les fenêtres.

Patrick et moi, on s'est rencontrés chez Ed. Il était à quelques mètres devant moi aux caisses. Quand ça a été mon tour, il était encore là à vérifier le ticket de caisse. Au cas où la machine aurait commis une erreur. Il y mettait tellement d'attention qu'on avait l'impression qu'il voulait l'apprendre par cœur. Finalement, il a trouvé. La caissière avait oublié de lui enlever 49 centimes de réductions pour l'achat des dix pots de yaourts périmés. Cet homme faisait valoir ses droits. J'ai été transpercée par la flèche de Cupide.

Je l'ai abordé à la sortie du magasin. Ça me coûtait de faire ça (je ne suis pas habituée) mais je l'ai invité à manger chez moi. Des petits pois. Chiche ?, il a fait. Oui, c'est vrai, j'étais chiche. Mais lui aussi. Ça lui a plu.

Au lieu de faire l'amour, on s'est décrit pendant des heures les soldes, les offres spéciales, les braderies, les réductions, les rabais, les remises. Pas besoin de préliminaires. L'orgasme a été immédiat.

Ça fait maintenant six mois. Depuis, il est déjà venu dormir chez moi au moins deux fois. C'était bien. On s'est lu des histoires pour s'endormir. *Avide au pays des merveilles. La Chèvre de monsieur Mesquin. Le Vilain Petit Avare.*

Patrick, son petit nom, c'est Mesquin l'enchanteur.

D'ailleurs, on n'est pas radins, on est juste stricts dans nos dépenses. On fait attention quoi. On récupère à droite à gauche, on coud nos vêtements nous-mêmes, on ne jette rien qui puisse être réutilisé. Et puis surtout, on n'achète que ce dont on a vraiment besoin.

Les produits d'entretien, par exemple, cas typique de dépense inutile. L'eau claire suffit amplement pour tout nettoyer. Une vraie vertu purifiante, l'eau. Regardez ceux qui laissent couler le robinet pendant qu'ils se brossent les dents, est-ce que leur lavabo est sale ?

D'ailleurs, je suis plus propre que la plupart des gens qui se lavent. Moi, comme tout animal qui se respecte, je me lèche. Une fois par semaine j'attrape aussi le chat de la voisine et avec sa langue râpeuse, il me fait un peeling du visage. Jusqu'ici, on n'a rien trouvé de mieux que la salive pour tuer les bactéries. Bourrée d'enzymes destructrices.

Avant je refusais de peler les légumes – jeter de la nourriture, ça me donnait des boutons. Mais l'épluche-légumes ne s'appelle-t-il pas un *économe*? Depuis que je le sais, je pèle sans remords. Ensuite, je mange les épluchures. Avec de l'imagination, on peut faire des merveilles. La dernière fois, j'ai fait une salade de pelures de carottes, des croquettes de coquilles d'œufs et une purée de trognons de pommes. Qui dit mieux ?

Sinon, c'est simple, je me nourris presque essentiellement de racines. Betteraves, carottes, céleri, navets. Mes préférés, ce sont les radis. J'en ai toujours sur moi. Adorables ces petites toupies roses. J'en croque un quand je commence à m'énerver. Un jour, je me suis retrouvée sans un radis alors que je venais de me faire arnaquer de cinq centimes dans une cabine téléphonique. J'ai cru que j'allais tirer sur les passants.

Il paraît que les radins sont radins avec tout. Ils ne font pas de compliments, ne partagent jamais l'avis de personne, n'aiment qu'eux-mêmes. C'est faux. Moi, j'aime Mesquin l'enchanteur de tout mon cœur. Une fois, il est parti en Espagne pendant un mois pour ses affaires, tous frais payés. C'était horrible. Chaque fois que je l'appelais au téléphone, j'entendais les secondes tourner et moi qui devenais de plus en plus pauvre. Lui me racontait la corrida, le soleil, le flamenco, forcément, c'est pas lui qui payait ! Moi, je n'arrivais pas à l'écouter, je guettais une pause le cœur battant, le moment propice où j'aurais pu lui dire : « Bon, allez, j'te laisse ! » Mais quand l'occasion se présentait, je ne voulais pas qu'il croie que je n'avais attendu que ça. Je n'osais plus. Je lui posais une question, me mordais la langue. Il fallait bien calculer. Ne pas avoir l'air de se précipiter. Mais ne pas non plus laisser une pause trop longue. Car le risque était que, pour briser ce silence censé me permettre de bâiller et de prendre congé, il ne se remette à parler. En plus, il y avait toujours ce maudit : « Et toi ? raconte ! » J'essayais de prendre un air détaché : « Oh, moi, tu sais, pas grand-chose... » À la fin, j'ai trouvé le truc. Je l'appelais en cuisinant. Je pouvais toujours lui dire : « Mesquin, faut qu'j'raccroche, j'ai le rôti qui crame ! »

Bon, à la fin, je ne l'ai plus appelé du tout.

La vie est dure. S'il y a bien un défaut qu'on ne peut pas avouer, c'est l'avarice. On peut dire, j'ai un sale caractère, je suis jalouse, je suis gourmande, je suis conne. Et même, je vote à droite. Mais pas, je suis radin.

Bizarre.

Alors des choses injustes arrivent. Récemment, j'étais dans un bar avec cinq collègues. Quand le serveur nous a apporté nos verres, l'un d'entre eux, Cédric, a annoncé généreusement à la ronde : « C'est ma tournée ! » Ça puait. J'ai tout de suite regretté de n'avoir pris qu'un café (et pas quelque chose que je ne peux d'habitude pas me payer). Ensuite, j'ai eu peur que tout le monde se sente obligé de payer son coup. Et donc moi aussi. Merci Cédric ! Je ne voulais pas boire et dépenser six verres, moi ! Et qu'est-ce que je fais si les autres commandent des cocktails et des trucs chers quand c'est mon tour ?

J'ai mangé un petit radis rose pour me calmer.

Mesquin l'enchanteur m'inquiète. Il se radicalise depuis quelque temps, devient de moins en moins accessible. Déjà qu'on ne se parlait pas beaucoup pour économiser nos paroles, il est devenu complètement muet. Plus moyen de lui tirer un mot. Il a perdu tous ses cheveux pour ne plus devoir acheter de shampooing. Il utilise le papier toilette des deux côtés puis le fait sécher sur le fil à linge afin de le réutiliser. Il vole de plus en plus dans les supermarchés. Il y a quelques semaines, son entreprise a dégraissé. Il aurait dû être content. Mais il a appris qu'il faisait partie des licenciés. Depuis, il erre comme un ladre en peine. Son boulot, c'était toute sa vie. Parce que pour des raisons de frais, on ne part pas en vacances, on ne va jamais au cinéma, on a peu d'amis, il s'est consacré corps et âme à son poste de consultant au FMI. J'ai eu beau lui dire qu'il ne faut pas mettre toutes ses poules aux œufs d'or dans le même panier, il n'a pas voulu m'écouter. A tout misé. Alors maintenant qu'il ne travaille plus…

Il dit que sa vie ne sert à rien. Que tout ce qu'il fait n'amène que dépenses, dépenses et encore dépenses.

J'ai peur qu'il fasse une bêtise. Qu'il devienne fou et achète une Mercedes par exemple. Même pas d'occasion.

Ou alors, non, s'il allait se dilapider une balle dans la tête ? Mon Dieu, qui paierait l'enterrement !

Avec toutes ces émotions, j'attrape la varice dans les jambes. Heureusement, grâce à l'excellent système de Sécurité sociale de notre pays, je vais pouvoir me les faire enlever gratuitement. Après l'opération, je demanderai à les récupérer. J'en ferai des élastiques pour fermer mes bocaux de confiture.

De toute façon, il ne faut pas que je pense à Mesquin. J'ai autre chose à faire qu'à perdre mon temps à ses balivernes. Le temps, c'est de l'argent. Surtout que moi, une chose formidable vient de me tomber dessus.

Hier, j'ai par inadvertance renversé un jeune homme en voiture. Moi, honnêtement, je ne lui avais rien demandé. Il a surgi avec sa peau de chamois et son atomiseur de produit lave-vitres alors que j'étais tranquillement installée au feu rouge, et il a pris l'initiative de son plein gré de nettoyer mon pare-brise. Pourtant je lui avais bien dit « non ! » alors qu'après il ait le culot de me demander de l'argent ! Quand il s'est mis devant ma voiture pour m'empêcher de partir, moi j'étais pressée, je n'ai vraiment pas fait attention. Au bout de quelques kilomètres, une voiture bleue m'a fait une queue de poisson. J'ai dû m'arrêter. Deux hommes sont descendus. Je ne sais plus exactement ce qu'ils m'ont dit, en gros, quelqu'un avait vu l'incident, je n'aurais pas dû partir, il y avait d'autres solutions. Ça m'a intéressée. J'ai accepté de les suivre.

Ils m'ont présentée à des amis à eux. Au début, j'ai eu peur que ce soit un genre de secte. Mais ils avaient l'air de bonne famille. Ça m'a rassurée. Ils m'ont fait une offre sans engagement de ma part, une sorte d'hôtel où tout était gratuit. Je leur ai demandé si je pouvais emmener une personne de mon choix parce que je pensais à Mesquin l'enchanteur qui était tout seul à la maison, mais ils ont dit que l'offre était nominative et limitée dans le temps. Je devais me décider tout de suite.

J'ai dit oui bien sûr.

C'était mon jour de chance. Pour sceller notre accord, ils m'ont d'abord offert deux magnifiques bracelets en argent ! Puis on est allés à l'agence de voyages qui devait s'occuper de réserver le billet d'avion et la chambre d'hôtel.

Apparemment tout n'était pas aussi simple. L'agent nous a envoyés chez son partenaire. Il fallait d'abord choisir l'hôtel (beaucoup affichaient complet à cette époque de l'année), savoir combien de temps je voulais rester, etc. Le partenaire m'a présentée à la personne chargée de s'occuper de mon dossier d'inscription. Elle a rempli des formulaires, m'a posé tout un tas de questions pour connaître exactement ma situation et savoir si je méritais ou non d'entrer au club (malgré moi, j'ai tout de suite pensé au Club Med). J'ai noirci le tableau exprès en me rappelant l'époque de l'école : si le salaire des parents dépassait une certaine limite, on n'avait pas droit aux bourses. J'avais peur que mes nouveaux amis retirent leur proposition.

Finalement et après quelques tergiversations, ils m'ont jugée digne de partir en vacances tous frais payés. Je suis contente ! L'agence de voyages s'occupe de tout. Aujourd'hui, on est venu me chercher chez moi en taxi. Puis on m'a conduite jusqu'à « l'hôtel des Embaumettes » qui se trouve dans la campagne parisienne. Un peu de nature va me faire du bien. Tout est prévu. Ils ont commencé par refaire ma garde-robe (sans me demander un sou !), puis on m'a montré ma suite. J'avoue, je l'ai trouvée un peu petite. Mais à cheval donné on ne regarde pas les dents. Ensuite ils m'ont donné l'emploi du temps, l'horaire des repas, des excursions, des visites…

Mais, je n'ai pas besoin de retenir tout ça, une groom viendra me chercher pour chaque activité. C'est incroyable, j'ai une domestique attachée à mon service jour et nuit, elle ouvre et ferme même les portes derrière moi ! Je suis traitée comme une reine. Mesquin l'enchanteur n'a jamais fait preuve d'autant d'attentions à mon égard.

Les femmes savent ce dont les femmes ont

besoin. Je suis comblée, l'hôtel en est plein. L'ambiance est détendue, sereine. On ne sent pas cette tension provoquée par la seule présence d'un mâle dans un groupe de femmes qui deviennent alors des rivales. Certaines vacancières semblent regretter cette absence, elles sont un peu agressives. Mais la plupart ont compris que tant que l'homme assoira son pouvoir en se servant de la femme comme fauteuil, il ne méritera pas beaucoup de respect. Moi je suis plutôt contente. À bien y réfléchir, je me faisais un peu chier avec Mesquin.

La première nuit avant de m'endormir, je me suis demandé où était le hic. Enfin débarassée de ce con. Tout semblait trop beau. À quel moment allaient-ils parler d'argent et me donner la facture ? Mais ça fait maintenant quatre mois que je suis ici, au violon (c'est comme ça que les filles appellent l'hôtel – peut-être parce que nos suites n'ont pas de portes mais des barreaux, comme des cordes, pour laisser entrer la lumière et le rire des autres chambres), et on ne m'a toujours RIEN demandé. On m'a même dit que je pouvais rester ici à perpétuité. La vie est belle !

Incarnation

Je suis accro. Déjà quand j'étais petite. Tous les dimanches, maman faisait du poulet et moi, après manger, je pêchais la carcasse dans la poubelle et j'allais la ronger dans ma chambre. Je ne supportais pas de voir jeter ces mignons petits os encore tout enrobés de succulents morceaux de chair, blanche et soyeuse.

Je suis accro à la viande.

À la fête foraine, quand les autres se promènent avec de la barbe à papa, moi je prends de la barbaque kebab, oui, le pic entier avec l'énorme paquet de bidoche autour.

La seule verdure que j'accepte de manger, ce sont les plantes carnivores.

Le problème, c'est que je vis avec un végétarien. Je n'ai rien contre les phytophages, mais certains sont un peu trop tendres à mon goût. Pierre par exemple. Le jour de notre déménagement, il est tombé en dépression, a eu besoin d'un suivi psychiatrique pendant deux ans (avec cure de désintoxication à la clé) parce que pour soulever le frigo, je lui ai passé un pied-de-biche !

En plus, pourquoi ne plus manger de viande si c'est pour s'enfiler des *escalopes* végétariennes et des *saucisses* au tofu ? (D'ailleurs, Pierre mange parfois du saucisson à l'ail. Il enlève juste le saucisson.)

Et cette manie de vivre naturellement ! Pierre, les ongles sales, la barbe en doggy-bag, des sandalettes aux pieds toute l'année pour que ses œils-de-perdrix profitent de la vue. Les poils du dos, il refuse bien évidemment de se les épiler. À chaque fois qu'il prend sa douche, il utilise tout mon après-shampoing !

Le pire, ce sont ses copains végétaliens. Si on les écoutait, les animaux auraient droit au RMI. Ils refusent de toucher à tout ce qui a à voir de près ou de loin avec une bête : le lait, les œufs, le fromage, le miel, le cuir, les tirelires en cochon. Je me demande si les végétaliennes ont le droit de faire des fellations ? Pourquoi pas, si elles n'avalent pas.

En tout cas, moi, ça me fait bien rire. Ils mangent bio, mais ils fument comme des pompiers. Ils adorent la nature, mais ils vivent en ville. Ils se contentent d'aller une fois par an faire de la randonnée en montagne, gueulant comme des sourds en effrayant tous les petits animaux, chiant partout et polluant ainsi les rivières. Comme si le poids de leur sac à dos empêchait l'air d'arriver au cerveau. D'ailleurs, de nos jours, il n'y a plus de nature. Regardez dans les parcs, les écureuils sont tellement domestiqués qu'ils ne bouffent plus que des m&m's.

Vraiment, l'étroitesse d'esprit de ces microbiotiques m'énerve. Ils me frappent d'ostracisme parce que j'occis des fauves. Alors que je me tue à leur expliquer qu'à ma manière, moi aussi je suis végétarienne, après tout, je ne mange que des animaux *herbivores*.

En tout cas, le problème avec Pierre, c'est qu'il n'a toujours pas compris que j'ai besoin de viande. Régulièrement, il jette mes belles côtelettes, mes escalopes, mon boudin, hop, à la poubelle. Au début, je ne voulais pas y croire. Mes réserves disparaissaient mais je pensais que je les engloutissais sans m'en rendre compte. C'est que Pierre, avec ses yeux bleus et ses cheveux d'ange, on lui donnerait la bête à bon Dieu sans confession. Et puis j'ai fini par comprendre.

Ce matin, il m'a refait le coup. Je m'étais levée de bonne humeur parce que j'avais rêvé d'une énorme langue de bœuf sur oreiller de rognons. Je suis allée dans la cuisine, j'ai voulu me servir ma tasse de haché et là… la hachetière était vide !

Lui, il m'observait depuis la table en ricanant. Le soleil du matin à travers ses oreilles les rendait toutes rouges. J'ai eu envie de lui.

Je me suis approchée avec bruit, j'ai empoigné le couteau de boucher – celui-là même que j'avais sauvé plusieurs fois de la poubelle – et lui ai tranché d'un coup sec ses deux cuves à cérumen.

Il avait toujours prétendu être dur d'oreille. C'est faux. Un cartilage de fer dans une peau de velours. Je n'avais jamais rien mangé de pareil. Elles ont fondu et croqué dans la bouche, incarnation inversée de ces publicités « croustillant à l'extérieur – moelleux à l'intérieur ». Je n'ai même pas eu besoin de ketchup, le sang, cette sauce rouge et sucrée. Lui, hurlait les mains plaquées sur les trous sanguinolents des deux côtés de son crâne. Il avait le toupet de se plaindre. Comme si c'était ma faute!

Je n'y suis pas allée par quatre chevaux, il hurlait que ça faisait pitié. Je l'ai achevé. Trente-trois coups de couteau du cou au plexus solaire.

Ensuite, j'ai pu le préparer en paix.

D'abord, il fallait lui enlever la peau. La peau, c'est ce que j'aime le moins. Même celle toute dorée des poulets. Trop grasse. Et puis ces petits poils qui blondissent et durcissent au four. Avant la cuisson, au lieu de badigeonner les volailles de margarine pour les rendre croustillantes, on devrait les couvrir de crème dépilatoire.

Il fallait le dépiauter.

J'ai d'abord essayé comme ça, à mains nues, en pratiquant de petites incisions pour avoir une prise de départ. Comme quand on cherche la petite languette du rouleau de scotch. Pas marché. La peau se décollait mais se déchirait tout de suite. Typique. Vous avez déjà essayé d'enlever la fine pellicule sous la coquille des œufs durs? Je n'arrivais à rien.

J'ai continué avec son éplucheur de légumes. Mais je n'ai pas supporté de tenir en main ce couteau de mauviettes. Je me suis souvenue de quelle manière Pierre dépouillait ses tomates en les plongeant quelques minutes dans un bain d'eau bouillante.

Ça a marché. La peau a glissé comme un film plastique. Le plus dur fut de le traîner jusqu'à la baignoire. Mais il pesait moins lourd, il avait perdu beaucoup de sang.

Lorsqu'il a été débarrassé de sa peau, encombrante et artificielle, j'ai redécouvert à quel point il était beau. Sa vraie couleur. Ses vraies formes. La vraie expression de son visage. J'en étais tout émue.

Puis je lui ai fourré un doigt dans l'œil. Envie d'appuyer et d'entendre. Comme on perce un bouton. Ou comme les algues kaki sur la plage ou encore les petites bulles transparentes des emballages plastique qui protègent les chaînes hi-fi. On devrait toujours essayer des choses nouvelles. J'ai introduit ma langue dans ces petits creux délicieux des yeux lisses, ai aspiré comme avec les bigorneaux. Honnêtement, c'était pas très bon.

Puis j'ai coupé, haché, découenné.

J'ai mis de côté ses extrémités sur la planche

à viande. J'avais une envie folle de faire des pieds et des mains grillés au barbecue, mais on était en plein hiver. Je me suis contentée de les jeter dans une poêle pour les laisser doucement dorer.

Puis j'ai pris son bras droit. Je n'avais jamais remarqué qu'il était aussi long ! Il n'entrait pas dans ma grande casserole spéciale spaghettis. Je l'ai plié, enroulé, replié, mais il se détendait toujours dans un salut hitlérien qui ne me convenait guère. Un peu de décence, que diable, on sait où tout ça nous a menés ! Je l'ai découpé en rondelles comme un chorizo. Une fois l'avant-bras tronçonné, l'huile de coude m'a giclé au visage. Hm. Je me suis saisie de son bras gauche, encore intact, pour aller lui foutre une baffe. Son visage, accroché à son maigre corps avachi contre le mur, a eu l'air pendant un instant de s'excuser. J'aimais mieux ça.

Puis j'ai fouillé dans sa poitrine éventrée comme une chemise ouverte, à la recherche de quelques organes devenus inutiles. Mais il avait le cœur bien accroché, le saligaud ! Impossible de l'arracher de sa cage thoracique. J'ai abandonné et j'ai trifouillé un peu plus bas. Victoire ! En à peine quelques secondes, je mettais la main à la rate, cette belle pulpe rouge gorgée de sang et parsemée de petits renflements blancs. J'en ai sorti un plein sac de bile. Après avoir remué fiel et glaire, je les ai versés dans la casserole avec le bras en train de bouillir. Ça s'arrose. Je tenais mon repas du midi !

Curieusement, je n'avais aucun remords. Rien de cette mauvaise conscience qui nous fait nous trouver moches dans un miroir.

Je n'allais donc pas me priver.

Le lendemain, surprise, Pierre était méconnaissable. Des phénomènes bizarres avaient eu lieu pendant la nuit. Tout d'abord, il avait perdu son sang-chaud – il était à présent sec et bleu. Il n'avait plus sa langue dans sa bouche (j'ai appris plus tard que les morts l'avalent tout de suite). Son estomac, à l'intérieur de cette dépouille flasque, était tombé dans les talons. Sa vessie, certainement pleine au moment de l'incident, était jaune fluo – on l'aurait prise pour un lampadaire psychédélique ! Et puis il s'était déféqué dessus. Il en avait plein le dos. J'ai mis des gants pour lui passer un savon à la violette sur les fesses et dans le haut des reins.

Il restait quand même quelques bons morceaux dont j'allais me régaler. Le rable, le foie, ses jambes et son cou, son sexe, et ses dents que j'allais sertir en un petit bracelet de cheville.

Quelques jours plus tard, le processus de putréfaction était déjà bien avancé. Dans son ventre offert, rouge, les vers blancs grouillants étaient à l'œuvre, rampant comme des nouveau-nés. Vision d'horreur : on aurait dit l'intérieur d'une figue ! Impossible de manger ce qui ressemblait tant à un fruit. J'ai jeté les restes de Pierre.

Ensuite, les choses sont allées très vite. Par le biais d'amis d'amis, je suis entrée en contact avec une maison de retraite dont les patients mouraient comme des mouches. Ils souhaitaient se débarrasser de certains corps compromettants que personne ne réclamait. La pénurie n'était pas dans mon assiette. L'avenir était rose. J'en avais déjà les os à la bouche.

Mais une chose encore plus succulente, j'en suis toute retournée, vient de s'offrir à moi. J'étais en train de mâcher la cuisse d'un vieux comme tous les matins, et puis, ce qui arrive souvent, je me suis mordu la langue. Là, entre le sang sucré et la douleur excitante, j'ai avalé le petit morceau de langue qui s'était détaché. Un frisson. Sublime.

Suu-blime.

Le goût de soi. L'osmose avec son propre corps. La réconciliation dans et de tous les sens.

Par où commencer ?

Je sais, je vais en manger une aujourd'hui et garder l'autre pour demain. De toute façon, les mains sont devenues un peu inutiles de nos jours. Je garderai juste un doigt pour pouvoir me tirer le vert du nez. Dans un premier temps.

Pour le reste, mes pieds, mes jambes, mon ventre, mon cou – je vais essayer de ne pas me goinfrer pour faire durer le plaisir.

Point d’honneur

J'ai un problème. Je ne termine jamais rien.

Parfois, c'est même pire, j'ai juste *l'idée* de commencer quelque chose.

Et l'idée me suffit. Comme si, c'était fait.

Et je déteste faire deux fois la même chose.

Mais si je ne finis jamais rien, je ne finirai pas non plus ma vie. JE NE MOURRAI JAMAIS. Est-ce qu'au fond, j'ai peur de la mort? Car finir les choses, c'est les faire mourir.

Pas du tout. Finir, c'est l'obligation de *réussir.* Tant qu'on n'a pas terminé, on n'a *pas encore* échoué. C'est exactement comme l'histoire du

Le Vilain Petit Défaut

Il y en a de plus en plus. Dans les aéroports, les bibliothèques, sur les aires d'autoroute, même dans les restaurants. Les dames pipi. Patientes. Solitaires. Silencieuses. Comme des religieuses dans leur cloître.

Récemment, j'ai fait Lille-Toulouse en voiture et comme dit Koltès, la bière, on ne l'achète pas, on la loue. À chaque aire d'autoroute, j'ai donc dû aller aux toilettes. Pire que le péage. Car le système de consigne pour la boisson est tout simplement scandaleux. Avec la bière, on doit débourser deux fois : en l'achetant et en la *rendant*. Ce jour-là sur l'autoroute, j'ai dépensé 136 euros. Je me demande comment font les familles nombreuses. « Les enfants ! papa va faire un arrêt. Qui a envie de faire pipi ? Qui préfère une glace ? »

C'est pratique pour les radins. Maintenant dans les cafés, ils peuvent inviter leurs amis à une tournée de toilettes.

Moi, les dames pipi me font peur. Quand j'en découvre une en poussant la porte, je sursaute. Elle me sape mon plaisir. On ne peut pas être tranquille ?

Avec un peu de chance, elle est en train de nettoyer une cuvette, dos tourné, quand je sors de la cabine. Ou carrément pas là. Dans ces cas-là, je déguerpis sans demander mon reste. La tentation est forte de voler en passant les pièces dans la sous-tasse. Mais jusqu'à présent, j'ai toujours su me contrôler. Dame pipi me préserve.

Quand elle est bien là, assise à son poste, deux solutions. Soit je lance adroitement une pièce de un centime dans la soucoupe – l'important est que ça tinte. Soit je me tâte les poches d'un air navré. « Désolée, pas de monnaie sur moi, voyez, juste un gros billet. » La dernière fois, elle m'a répondu : « Un gros billet ? Et alors ? C'était la grosse commission, non ? »

Bref. Je suis à la gare routière de la Porte de

Bagnolet. Tout à l'heure, j'ai senti un tiraillement soudain dans les intestins. J'ai couru là où il faut. La vidange du côlon s'est accompagnée d'une énorme flatuosité grondante et sifflante. La cuvette, cette hypocrite caisse de résonance en porcelaine, s'est faite l'écho en amplifiant traîtreusement le bruit. La honte n'a pas besoin des autres. J'étais seule. J'ai rougi. J'ai tenté en vain de refouler le sentiment de gêne, me suis essuyée, ai remis ma culotte, relevé mon pantalon, toujours aussi rouge, boutonné les boutons, et puis je suis sortie. Là, je l'ai vue. Les mains gantées de caoutchouc rose en train de frotter un lavabo et de frotter et de frotter. Pas de doute possible. Ça faisait un moment qu'elle était là. Elle avait tout entendu. Elle n'a même pas daigné se retourner. Elle a levé la tête et m'a regardée dans le grand miroir au-dessus des lavabos. Elle a juste grimacé un sourire. Une sorcière. C'était le pompon. Elle se moquait de moi.

J'ai jeté un euro dans sa soucoupe pour qu'elle ne soupçonne rien. Puis je suis allée l'attendre à la sortie de son travail.

J'ai tout mon temps.

Je suis assise en haut des escaliers qui mènent à son antre. Je ne peux pas la rater.

Je ne sais pas encore ce que je vais faire.

La suivre. repérer sa voiture. lui crever les pneus ?

Non. Les dames pipi n'ont certainement pas de voiture.

Je me demande si elles font les trois-huit. C'est un boulot très fatigant. Elles doivent au moins travailler une douzaine d'heures d'affilée.

La suivre et lui faire peur dans le métro. lui voler son sac. ou me plaindre d'elle à son chef. oui, c'est ça, la faire virer.

Qu'est-ce qu'elles foutent toute la journée ? Peut-être que ce sont des écrivaines qui en profitent pour écrire. Est-ce que c'est elles qui inscrivent les graffitis sur la porte des cabines ?

La suivre. voir où elle habite. écrire des obscénités sur sa boîte aux lettres, ça lui rappellera le boulot.

Non. Les graffitis dans les toilettes ont toujours existé. Les archéologues en ont retrouvé en farfouillant dans les anciennes villes romaines. À Pompéi par exemple. Et je ne crois pas qu'à l'époque, il y ait déjà eu des dames pipi.

Voir où elle habite. lui envoyer des lettres anonymes. une par semaine. lui faire avaler son ricanement de sorcière.

En tout cas, ces graffitis sont dignes de l'Oulipo. Écrits sous une triple contrainte : debout, en moins d'une minute et avec l'odeur de pisse. Il paraît d'ailleurs que c'est cette odeur qui inspire et confère aux inscriptions des toilettes leur particularité. Effluves à la fois fétides et fertiles.

Entrer par effraction chez elle. Lui voler ses blouses. dépoter ses géraniums. la ligoter et lui raser la boule à zéro.

Si on suit cette logique, les dames pipi sont les êtres les plus créatifs qui soient. En tout cas les alchimistes des temps modernes qui transforment les bronzes en argent.

Faire la connaissance de son mari. avoir une aventure avec lui.

D'ailleurs, pourquoi n'y a-t-il pas de monsieur pipi ? Les hommes ne veulent-ils pas s'abaisser à cela ? Est-ce que les dames sont faites et parfaites pour ce job ?

Cocue, la dame pipi ! puis m'arranger pour qu'elle nous prenne la main dans le sac.

Faut savoir, la place des femmes, c'est à la cuisine ou aux latrines ?

Demander à un de mes amis de la séduire. la rendre amoureuse. puis la laisser tomber comme de vrais cheveux.

Avant, c'était clair. Les femmes étaient considérées comme impures parce qu'une fois par mois, leur sang se décompose, se putréfie. La preuve, il doit être évacué.

Faire courir dans son quartier – Barbès – la rumeur qu'elle est raciste.

Pendant la menstruation, les femmes n'avaient donc le droit de toucher à rien ni à personne : ni objets appartenant aux autres, ni mari, ni enfants.

Installer à côté de son boulot une sanisette gratuite et débaucher ses clients.

Elles devaient rester pendant cinq jours dans un coin de la maison ou de la cour, souvent près du tas de fumier.

Aller chercher sa fille à la sortie de l'école. lui dire que sa mère vient malheureusement de mourir dans un accident de voiture.

Pas étonnant si les femmes sont de mauvaise humeur pendant leurs règles.

Ça y est, elle sort !

Chut, elle ne doit pas me voir, pas me reconnaître.

C'est parti.

Elle se dirige vers la bouche de métro. J'avais raison. Pas de voiture. Les dames pipi ont juste de quoi se payer un tour sur les petites autos d'enfants dans les galeries marchandes. Même pas besoin de faire la monnaie. Bien, prenons le métro.

Je n'ai jamais suivi quelqu'un. Bizarre. Il ne faut pas suivre la personne de trop près – mais ne pas non plus lui laisser une trop grande avance. S'agit de ne pas la perdre. J'ai déjà vu des scènes de filature dans les films, mais là, ça n'a rien à voir. Dans les films, je n'ai pas peur. Ici, mon cœur bat à dix mille allures. Elle peut se retourner n'importe quand. Sentir une présence. Heureusement, il fait noir. J'ai presque pitié d'elle. La vie dépend de bien peu de chose. Si elle ne m'avait pas entendue, elle rentrerait chez elle tranquillement. Sans danger. Mais écouter les gens quand ils sont seuls, ça ne se fait pas.

Elle a l'air fatiguée. Une dame pipi. Pas de surprise. Elle a mis des vêtements dans lesquels elle se sent à l'aise et qu'elle pourra salir. Je me demande si elle a des enfants. Oui, elle en a trois. Deux garçons et une fille. Quand elle rentre le soir, elle va se changer avant d'aller les embrasser. À l'école, à la case « profession de la mère », ils écrivent « femme de ménage » ou « femme au foyer », « chômeuse », tout plutôt que d'écrire « dame pipi ». Ils savent ce que les autres enfants diraient s'ils savaient : « Ici, ça pue la pi-sseux, fô vous mettre du parfum-euh, pas de l'eau d'toiletteux ! » Les enfants sont cruels.

Je ne dois pas me laisser attendrir. Cette femme est un témoin gênant. Et puis il y a eu affront. Moi, quand j'entends des bruits compromettants aux toilettes, je reste dans la cabine jusqu'à ce que la pauvre soit partie. Je lui épargne la gêne de se retrouver face à moi. Si par hasard je suis déjà aux lavabos en train de me laver les mains, je coupe le robinet, me sèche les mains encore pleines de savon, déguerpis en vitesse. Question de savoir-vivre.

Apparemment, elle, elle ne sait pas.

Le métro arrive. On se presse à l'intérieur. Il démarre. Gambetta. Père Lachaise. Rue Saint-Maur. Parmentier. Temple. Arts et Métiers. Ça lui va bien. Elle a les gambettes lourdes, est au bord du suicide et se rend tout droit au cimetière, se rue sur Saint-Marc, le patron du nettoyage, lequel, sans hacher parmentier ses mots, tente, du haut de son temple, de la motiver : « Ton métier est un art ! Rappelle-toi… »

oups, elle descend. Réaumur-Sébastopol. Sûre qu'elle va prendre la correspondance avec la ligne 4, direction Porte de Clignancourt.

Il faut que je mette au point un plan. Je ne peux pas la suivre indéfiniment. Au plus tard arrivée chez elle, elle va me lâcher.

En plein dans le mille. Direction Clignancourt. Elle habite Barbès, la pipi Barbie.

On défile dans les couloirs du métro. Elle trotte bien pour une cinquantenaire ! Un type est là tout crasseux à jouer du violon. Ils font chier, ces clodos ! À cause d'eux, on a constamment mauvaise conscience. J'y crois pas, elle jette une pièce dans le chapeau du type ! Pour qui elle se prend ? Elle doit se venger de toute une journée où c'est elle, la dominée qui reçoit la monnaie.

Le métro arrive. On remonte. Strasbourg Saint-Denis. Château d'Eau. Château Rouge. Elle ne lit pas, n'écoute pas les conversations, ne regarde pas la pub dans les stations. Elle est appuyée contre la barre. Perdue dans ses pensées. Marcadet Poissonniers. Simplon. Elle descend. Vite, une idée, vite ! Qu'est-ce qui la touchera le plus dans son honneur ? Elle se dirige vers la sortie du côté impair, monte péniblement les escaliers. Imbécile, il y a un escalator de l'autre côté ! Elle atteint la dernière marche, tant pis, je n'ai pas de meilleure idée. Je cours, la dépasse et rafle son sac au passage. Ses réflexes sont plus vifs que j'aurais cru. Elle s'élance derrière moi. J'ai déjà traversé la rue. Elle ne voit rien. Klaxon. Trop tard.

Son corps se transforme en poupée de chiffon lorsque sa tête vient heurter le pare-chocs du bus. Un attroupement s'est formé autour d'elle. Rien. Silence de mort.

Elle était sourde.

Scotopique

Il m'a dit que j'étais aimée trop peu, le culiste. Ça avait pas l'air bon. Surtout qu'il a dit ça d'un air sérieux et triste comme un accent circornflakes. Comme s'il avait avalé sa paire de lunettes, les montures avec, d'un coup, comme ça, sans crier ni queue ni gare. « Aimée-quoi ? » je lui ai demandé. « Emmétrope, qu'il m'a répondu. Ça veut dire que vous voyez parfaitement, 10/10 aux deux yeux. Félicitations ! » Moi, je l'ai regardé avec mes yeux en boule, je comprenais pas, je croyais que c'était pas bien de voir trop bien (lucide, qu'on dit). Il paraît que c'est très mauvais pour le cœur.

Sans compter qu'il fallait pas que les autres l'apprennent. Les aimés trop peu font peur.

Allez savoir pourquoi. Ils ont peur, les gens, qu'on leur demande de nous aimer, peut-être. Ou ils se disent que si on est aimés trop peu, c'est qu'y a forcément une raison. Ils pensent que c'est notre faute. Ils nous évitent comme des travaux sur l'anationale. Et puis les gens *trop* malheureux, ça leur fait mauvaise consistence. Ils préfèrent être avec des gens aimés et heureux. Pas trop heureux quand même, parce que les gens *trop* heureux, ça leur donne de la jalousie. Non, ils préfèrent les gens *pas trop* heureux et *pas trop* malheureux. Une mélasse.

Moi, j'ai jamais été trop heureuse. D'ailleurs j'aurais pas supporté.

Alors pour pas que ça se voie dans mes yeux, je me suis acheté des lunettes solaires. Des de pilotes d'avion qu'ils mettent sur la piste d'aérophage et qui leur donnent des dents blanches par comparution. Moi, mes dents, elles sont plutôt jaunes à cause du tabac que je fume en trop, et c'est pas les lunettes qui vont les arranger. Mais tant pis. Je les aime bien. « Des lunettes dernier cri », a dit le vendeur. Ça tombe bien. C'est mon dernier cri d'aimée trop peu. Je me force à mâcher du chemine-gomme pour quand même pas crier trop fort. Avec mes lunettes solaires, ça fait bien. J'ai tout de suite vu que ça faisait bien. Ça me donne une alaise plus sûre de moi.

On devrait toujours mettre des lunettes solaires pour pas que les gens sachent qu'on est malade. Les maladies se déclarent toujours d'abord dans les yeux. La gentillesse, la timidité, la tristesse...

Quand j'étais petite, maman n'avait pas beaucoup de temps pour s'occuper de moi. C'était la reine de l'immeuble, alors forcément ! Elle nettoyait les cagettes d'escalier et la cabine de la censure et et et la porte du dehors avec le vigicode et quand il y avait de la peinture dessus, des graffitis ou des tongs, elle frottait avec une brosse et de l'eau de Javel et c'était difficile. Elle nettoyait aussi l'appartement de M. Dirdoit qui pouvait plus bouger. Elle faisait à manger pour Mme Yassim. Elle faisait des gâteaux pour les enfants de Mme Sanchez. Quand maman allait les rendre en visite, ils se collaient tout le temps à elle et moi, je restais à la maison, je voulais pas voir ça, comment elle leur caressait la tête avec application, ça me faisait trop mal au ventre. Je finissais toujours par faire pipi dans ma culotte. Mais maman ne me grondait pas. Depuis que papa était mort, elle ne me grondait plus jamais. Elle me regardait seulement avec des yeux tristes, tellement tristes que j'avais envie de la frapper pour qu'elle arrête de me regarder si triste. Moi, il y a des jours, j'aurais préféré être morte, mais souvent c'était pas possible, j'avais trop de trucs à faire. J'allais à l'école, je faisais les crousses, je mettais la table, je faisais mes devoirs à côté de mon assiette. Quand maman rentrait, elle me prenait dans ses bras et elle me disait qu'elle m'aimait, ma grande. Si j'avais pu, j'aurais souvent pleuré. Mais toute ma colère se cumulait dans mon ventre, plouf – et je faisais pipi dans ma culotte. Encore et encore. Parfois, j'avais tellement mal au ventre que je devais m'allonger sur le lit en position fécale et maman faisait venir le Dr Fuiji. C'était un Japonais. Avec des yeux tout petits. C'est sûr, lui, avec des yeux comme ça, il devait aussi être aimé trop peu. Le Dr Fuiji me tâtait l'estomac, allait avec ma mère dans le couloir et lui disait d'éviter le riz qui me conspuait. Moi, je savais que c'était pas le riz. C'était la colère. Et une fois que ma culotte était mouillée, c'était comme si la rage s'évaporait, il ne restait plus que la honte et c'était moins dur à vivre que la tristesse de maman.

Maman faisait aussi les crousses pour Mme Trivout et M. Vanneste, deux vieux qui habitaient, elle, au 10e et lui, au 12e. Ils étaient si vieux qu'on disait que la mort les guettait dans l'escalier. Ça devait être vrai parce qu'ils osaient plus sortir de chez eux. Sauf des fois, Mme Trivout allait à l'église pour se confiesser. Moi je me demandais ce qu'elle pouvait bien avoir à se confiesser. « Mon père, hier j'ai encore fait ronronner mon chat… est-ce que je suis nymphomane ? Et gourmande, avant de venir, j'ai bu un Martini ! Mais comme je suis en deuil, j'ai remplacé l'olive verte par une olive noire. Et puis ingrate, j'ai vomi mon Martini… » Coin qu'il en soit, maman allait chercher Mme Trivout et l'accompagnait pour si la mort voudrait la guetter. Ça marchait bien. La mort devait avoir peur de ma mère parce qu'elle n'a jamais attaqué la vieille en sa séance. Juste un jour chez elle, pouf, dans son fauteuil ! Moi, j'avais peur que la mort s'en prenne à maman pour se venger qu'elle défendait toujours Mme Trivout. Quand elle est morte, maman, heureusement que l'autre avait déjà été guettée, sinon je vous jure que je l'aurais traînée dans la cagette d'escalier et je l'aurais laissée là, toute seule, pour que la mort en fasse d'une pierre deux coups !

Quand elle est morte, maman, tout le monde est venu à son entassement. Même M. Planchard qui avait déménagé le jour où le tout-à-dégout a été installé dans la rue. Et puis M. Vanneste dans son fauteuil roulotte, que ça faisait des mois qu'il avait plus quitté sa chambre, il était là, et il pleurait en hochant la tête et en disant que c'était une honte, vous m'entendez, une honte… Moi, je comprenais pas bien ce qui était une honte. Peut-être que maman soit partie sans faire ses crousses ? Je sais juste que mon ventre me faisait tellement mal que j'arrivais plus à faire pipi dans ma culotte ni à me consacrer pour être triste. J'étais tellement triste de ne pas être triste… Comme si mon ventre savait que maman viendrait plus avec ses yeux me prendre dans ses bras et me dire qu'elle m'aimait, ma grande.

Avec tout ça, ça me semblait bizarre cette histoire de 10/10. Parce qu'enfin 10/10, j'ai jamais eu 10/10 ! Jamais jamais ! Sauf une fois, à l'école, j'avais remporté un concours d'échecs haut la main (pourtant j'étais pas grande).

Alors que mes yeux fassent 10/10 à un examen, ça me semblait louche. Je suis retournée voir le culiste. J'ai attendu dans la salle d'attentat en mille-feuilletant des magazines. Il y avait des photos de stars que je connaissais et des que je connaissais pas. Je pouvais pas bien lire à cause de mes lunettes solaires que j'avais laissées sur mon nez au milieu de la figure (au cas où). Il me restait du temps à patienter (« s'il vous plaît, m'avait dit la firmière, le docteur a dû prendre une femme en urgence qui s'est planté une fourchette dans l'œil »). J'ai regardé autour de moi. Dans un coin, il y avait une fille qui... boum badaboum une tornade de sang dans mon œil qui flagelle et mon cœur qui flageole et ma tête qui bat... avait l'air si gentille ! Ses cheveux étaient noirs, grands derrière et petits sur le front et elle avait des lunettes solaires aussi, comme moi, et les mains posées sur ses genoux, blanches comme le ventre d'un poisson. Elle respirait tout doucement sans bouger comme si elle... ooooh je vais tomber dans le ciel, j'essaie de pas la regarder mais je veux la regarder... elle respire comme si elle veut pas faire de bruit, elle bouge la tête tout doucement, elle est douce, elle respire douce, j'ai envie de la toucher !

Elle est pour moi…
pour moi…
pour m'aimer trop peu…

On est restées dans la salle d'attentat sans parler. Moi j'osais pas bouger, j'osais plus mille-feuilleter mon magazine, chut, je la prenais en flagrant délit de beauté. Parfois, quand elle bougeait la tête, j'entendais ses cheveux frotter contre son pull. Est-ce que les cheveux bruns font plus de bruit que les blonds ? À un moment, elle a pris le bâton appuyé contre le mur (il devait être pour le chien couché à ses pieds), l'a posé sur ses genoux et le chien a relevé la tête. Il a baillé un peu, a fait tourner ses oreilles comme un radar, l'a regardée, puis il a reposé son museau sur ses pattes de devant et s'est rendormi. Tout allait bien.

Moi, j'avais la bouche sèche comme quand je viens de me brosser les dents. Il fallait que je lui parle.

— … Ma… mademoiselle… Je crois que votre chien a envie de faire caca, je lui ai dit en montrant le chien qui avait toujours la tête posée sur ses pattes et faisait semblant de dormir.

— Non, elle m'a dit, je le sens quand il doit sortir.

— Oh…, je lui ai dit, vous devez bien le connaître, votre chien…

Et j'avais peur qu'elle voie que j'étais aimée trop peu.

— Il en met du temps le docteur, aujourd'hui… non ? je lui ai dit

— Oui, elle m'a répondu en souriant

EN SOURIANT ! On s'est regardées un moment toutes les deux avec nos lunettes solaires et je me suis dit que peut-être elle aussi elle était aimée trop peu et que… oh, si c'était possible…

— Vous êtes là pour quoi ? Elle m'a demandé

et là c'était le moment de vérité vraie. Soit elle ne s'intéressait plus à moi, soit…

— Je suis aimée trop peu… Je lui ai dit en baissant les yeux parce que tout d'un coup j'ai eu peur.

— Emmétrope ! Elle m'a dit d'un ton comme si c'était bien. Et ben ça alors !

Alors j'ai relevé la tête et j'ai vu qu'elle me souriait encore et moi j'ai eu envie de pleurer, comme avec les yeux tristes de maman sauf que là, ça faisait vraiment chaud. Je lui ai rien dit tout de suite parce que j'avais peur d'avoir mal vu ou qu'elle change d'avis ou qu'elle comprenne ce que j'avais dit ou que ou que et puis je l'ai encore regardée et elle souriait toujours. Oh, ma gentille gentille douce douce Marlène! (Elle s'appelait Marlène.)

— Oui, aimée trop peu! je lui ai fait en gonflant ma poitrine. Prouvé scientifiquement et tout!

Et là j'ai eu encore une fois envie de pleurer. Comme si y avait pas assez de place en moi pour trop de bonheur, alors il se bousculait à l'intérieur. Ou peut-être qu'il voulait sortir parce qu'il était pas habituel ou parce que je le méritais pas.

Elle a dit :

— Moi... je... je suis amaurose.

— A... amoureuse?... Je l'ai regardée avec mes yeux carquillés. Mai... mais... comment?

Là elle s'est mise à pleurer comme neige au soleil.

— Je ne sais pas, c'est venu tout d'un coup. Quand j'étais petite, j'étais myope, j'aimais pas voir clair, quand je mettais mes lunettes, je m'ennuyais, j'étais plus chez moi. On n'ouvrait presque jamais les rideaux à la maison, parce que les voisins étaient juste en face, et moi j'aimais bien regarder à travers, c'était comme quand je mettais pas mes lunettes, je voyais que les formes. Par contre avec mes lunettes, je voyais tout, et j'avais l'impression que tout le monde me regardait. Quand je voyais pas, du coup on me voyait pas, vous comprenez ? Si je pouvais rien voir et voir quand même, c'est ce que je choisirais comme maladie des yeux. Parce que… (elle reniflait) parce que l'œil, c'est une mâchoire avec des cils pour dents. Chaque fois qu'on cligne des yeux, c'est un couperet qui tombe. On aperçoit les images entre deux lames de guillotine. Comment voulez-vous que le monde soit beau ?

Elle s'est remise à pleurer.

Moi, j'étais emparée.

— Ne pleurez pas, s'il te plaît, ne pleurez pas !

Elle a bougé les mains et le bâton est tombé et le chien a dû croire que c'était pour jouer et il s'est mis debout. Moi, je pouvais pas la voir pleurer je pouvais pas la voir je pouvais pas !

— Vous… vous savez ce que ça veut dire ?, elle m'a demandé en s'essuyant les yeux sous ses lunettes.

Je lui ai dit non en secouant la tête, je pouvais plus parler.

— Ça veut dire que je suis aveugle…

— Amoureuse, ça veut dire aveugle ? je lui ai demandé. Je ne comprenais pas.

— Oui.

Et elle m'a souri.

Alors là tout un coup, le bonheur est entré en plein fouet et il avait beaucoup de place et il courait partout et je me suis levée parce qu'il me poussait de l'intérieur

— Je… je…, je lui ai dit,… m… moi aussi…

On s'est regardées.

Après on a parlé. Moi, je voulais qu'elle raconte tout le temps et elle, elle voulait que je raconte tout le temps. On riait comme timides. Ça nous faisait un peu peur de nous confier. Parler est une opération à cœur ouvert. Parfois il y a des complications. Mais il y avait quelque chose comme la confiance, ça faisait tout chaud. Plusieurs fois, le bonheur a pas eu assez de place et j'ai failli pleurer. Mais je gardais le contrôle et il est resté là où je pouvais le ressentir, juste entre le fond et dehors. Un moment, elle a enlevé ses lunettes et j'ai vu ses yeux. Les yeux les plus blancs que j'avais jamais vus, comme une bataille de boules de neige. Quand j'ai enlevé les miennes pour qu'elle voie mes yeux à moi, le bonheur a été plus fort. J'ai pleuré. C'est que… il y a des gens, il vaut mieux pas qu'ils sachent qu'on est aimé trop peu, ça leur donne des frayeurs et ce genre de choses. Mais il y en a d'autres qui nous aiment encore plus, comme ça, tout un coup. Comme s'ils voulaient rattraper tout l'amour qu'on avait eu en trop peu.

Elle, elle était comme ça.

Le reste, ça ne regarde personne.

Tactique d'infant terrible

L'horloge sonne. Toujours pareille. Et pourtant toujours différente. Comme le ciel, une énorme fresque nature-vivante bougeante, château de limon d'un enfant s'écroulant, genoux sur la grève, nus. Sable émouvant. Pâtés de sable mouillé plus résistants, tient mieux que le sable sec. Est-ce que le temps dure plus longtemps lorsqu'il pleut ? Sur la plage, la marée grignote une biscotte beurrée, pâtés aux algues, pâtes à sel et aux embruns. Marine. L'horloge sonne.

Tic. Tic. Tic. Tic. L'horloge-tranche-découpe-le-temps. Temps retroussé comme une manche en passant du futur au présent, tartine latente de tarte Tatin, lames de secondes qui fondent, coutelame tranchant le temps en tant de parts régulières, identiques et pourtant si inégales. Peut-on mesurer le temps qu'on a déjà vécu ?

Tac. Tac. Tac. Tac. Tactique de l'horloge. Elle nous tient, alarme à l'œil.

L'horloge sonne, ding dong. On est dimanche au son des dix cloches.

Que serait un dimanche sans tintement de cloches au loin ? Oui. On a beau se croire incroyant, la cloche rythme notre vie.

De « église » à « Église » il n'y a qu'un pas minuscule, et de « paroisse » à « Paroisse », qu'un pet majuscule.

J'ai faim.

Qu'est-ce que je peux faire ? Je ne peux quand même pas aller à la messe pour bouffer l'hostie ? J'ai faim. Pas tout le temps, mais souvent. Et comme le temps a tendance à se faire de plus en plus fréquent, il faut que je trouve du boulot. Tout à l'heure, je regardais les aiguilles de l'horloge et j'essayais d'y voir une fourchette et un couteau se rapprochant l'un de l'autre vers midi. Pour avoir l'impression de participer à un repas. Dur dur. Une aiguille n'a rien à voir avec un couteau – et encore moins avec une fourchette. Les Chinois ont tout compris.

Un petit boulot donc. Vendeuse, caissière, distributeuse de tracts, technimagicienne de surpile ou face. N'importe quoi. Grande dame pipi même, pourquoi pas, tant qu'il ne s'agit pas de tenir le pénis de ces pénibles messieurs pendant qu'ils pissent (z'en foutent partout). Car au bout du compte, il faut bien manger tous les jours.

Rencontrer du travail comme on rencontre une femme.

Dimanche. La cloche sonne. Quand j'étais petite à l'école, à 4 heures, ça sonnait la récré. Goûter !

J'ai dit à mes parents que j'avais trouvé un job. Qu'ils ne s'inquiètent pas. Au téléphone, me demandent si tout va bien. Si besoin de rien. Je leur dis que non, que tout va bien. Vraiment. Alors n'envoient plus d'argent. J'en emprunte à des amis. Pour l'instant, ils ne me le réclament pas mais. J'ai honte de les voir. Faut que je trouve une solution !

Je vais vendre mon temps. J'en ai trop. Il y a assez de gens qui perdent le leur, seront bien contents de pouvoir en acheter. Mon offre est simple : de un à trois centimes d'euro la seconde, en fonction du moment, avec des forfaits de quatre cents à deux mille euros pour une heure, et de dix mille à cinquante mille euros la journée. Je vais ramasser le pactole !

Plus question de tuer le temps (un crime, quand on sait ce qu'il peut rapporter). J'ai donc revendu ma télévision (trop d'émissions de gaz toxiques). J'ai aussi fait le tri parmi mes connaissances. À partir de maintenant, je vais prendre du bon temps, là où il se trouve, puis je le revendrai au prix fort. Je vais participer à des jeux-concours (*La Roue de la pendule*, *Qui veut gagner du temps ?*). Je gagnerai bien quelques mois.

Le tarif de jour étant moins intéressant, je vends surtout la nuit. Tout le monde ne peut pas s'en payer une tranche, mais je fais des prix très intéressants. J'en ai même fait mon activité régulière, déclarée, avec cotisations sociales et retraite à la clé. Je commence enfin à bien vivre. J'envoie de l'argent à mes parents et je suis fière qu'ils soient fiers de moi.

Comme j'ai de moins en moins de temps à moi, je profite de celui des autres. Je grappille par-ci, par-là. Je demande aux gens s'ils peuvent m'accorder une minute et j'en prends cinq, six, sept, huit… Une fois, j'en ai même pris trente-deux !

Quand j'ai de la chance et que je trouve le temps long, je le dépose sur mon compte épargne à temps d'intérêt composé.

Le problème, c'est qu'on s'habitue à tout. Même au luxe. Bons repas, vêtements, voyages, je me fais plaisir et je ne compte pas. Mais on ne rattrape pas le temps vendu. Je risquais de me retrouver sans un jour ! Alors j'ai commencé à spéculer.

Maintenant, j'achète les minutes et secondes en gros, puis je les vends à l'unité. J'achète également du temps bon marché, dévalué (par exemple dans les prisons, à des chômeurs, de vieux célibataires, des retraités), le fais fructifier en le laissant vieillir (le temps, c'est comme le vin, il se bonifie avec l'âge). Puis je le revends avec plus-value à des boulimiques du travail, des hommes politiques, des hommes d'affaires, des acteurs, des rois. Mais aussi à M. et Mme Tout-le-monde. N'importe qui est concerné par le manque de temps. Je conseille à tous d'acheter des jours entiers pour ne pas perturber l'organisme. Avec deux, trois ou cinq heures en plus dans une journée, on ne sait plus quand on est censé manger et dormir. Par contre, un ou deux jours entiers et le corps n'y voit que du feu !

En fin d'année, je fais des offres spéciales. Je vends le 13e mois des fonctionnaires moitié prix.

Ma société d'import-export a pris de l'ampleur, s'est internationalisée. Je fais passer des annonces un peu partout :

Vous ne savez pas quoi faire de votre temps ?
Vous en avez à revendre ?
Ne sous-estimez pas le produit de vos glandes !
VENDEZ-LE-NOUS !

Les temps sont lourds, durs ?
PAYEZ-VOUS ENFIN DU BON TEMPS !
(ou offrez-en ! Bon d'achat d'une heure : une idée cadeau !)

J'achète et vends tous types de temps : des temps bibliques aux temps modernes en passant par les temps héroïques, le béni, le mort, le partiel, le voulu, le reculé, le record. Je prends aussi les temps de cochon et de chien. Je les stocke tous dans d'énormes hangars. S'il n'est pas gardé dans un espace sec et sombre, le temps se gâte. Je ne peux pas me permettre de laisser pourrir ma marchandise.

Pour contrer tout risque de fuite, les murs sont en béton armé. Comme les gardiens triés sur le volet qui surveillent ces espaces-temps jour et nuit. Ils ne laissent entrer personne. Même ceux munis d'un passe-temps. Bien malin qui viendra me voler une minute !

Évidemment, des bandes organisées voient le jour. La mafia asiatique contrôle un marché noir très lucratif. Il est préférable de ne pas laisser traîner ses secondes à la tombée de la nuit ! Régulièrement, des viols collectifs ont lieu. J'ai lu hier dans le journal qu'un homme a été écroué pour avoir tenté d'abuser du temps de Jacques Chirac. Un relaps relaxé. Le tribunal a refusé toute clémence.

Je suis à présent à la tête d'une véritable fortune. Ma société est cotée à Swatch Street. Je boursicote un peu. J'adore ça. Sentir mon cœur battre au rythme du tic-tac d'une montre. Le cours du jour est en légère baisse actuellement. La concurrence fait rage. J'achète du temps à des prix dérisoires dans les pays émergents et le revends aux pays industrialisés. Les fluctuations du marché favorisent la spéculation. Certains pays comme l'Argentine ou la Jamaïque en font les frais. Mais ce n'est pas mon problème. Mon problème – et de taille – ce sont les justiciers à la petite semaine qui prétendent défendre les pays du Sud en voulant imposer une taxe sur le transfert du temps. Jusqu'ici, j'arrive à mettre mon capital à l'abri en le transférant sur mes comptes en Suisse. La Suisse n'est pas pour rien le premier fabricant au monde d'horloges et de coucous.

L'autre problème est qu'en Bolivie ou au Canada, la perception du temps n'est pas la même. Impôt circulaire indirect dans la plupart des pays du tiers-monde contre taxe dite « linéaire » dans les pays occidentaux. En d'autres termes, la seconde bolivienne vaut dix fois la valeur d'une seconde canadienne. Un Bolivien peut donc commencer dix choses à la fois. Mais le consommateur canadien qui achète une seconde bolivienne a l'impression que le temps se traîne, n'avance pas. Cette différence dans la perception du temps pourrait bien faire capoter le système.

Oui, la Bourse s'affole. Le cours du temps chute de manière vertigineuse. Un krach est à craindre.

Tac. Tic. Tac. Tic. L'horloge vient découper le temps en tranches identiques et pourtant si inégales… Tic, une tranche dans le grille-temps… Tac, ressort dans un bruit métallique… Tic, une tranche dans le grille-temps… Tac, schtoooongg !

La plupart des sociétés ayant investi dans le temps font faillite. Les managers disparaissent mystérieusement ou pire, se suicident. Des corps oscillent au bout d'une corde selon le mouvement de balancier d'un pendule, un bout de papier épinglé au revers du veston : « Ô temps, suspends mon col ». Les voisins les décrochent. Vont remettre les pendus à l'*Heure*. L'*Heure*, c'est la plus grande multinationale dans le secteur du temps. Globale. Capitaliste. Incontournable. Je voudrais leur proposer un partenariat.

J'ai été reçue par le big boss. Il m'a priée de m'asseoir dans son grand bureau climatisé, m'a écoutée attentivement, a hoché la tête plusieurs fois. Puis m'a demandé de le suivre. Quand il s'est levé, j'ai remarqué qu'il portait un pantalon fuseau. Je n'en avais pas vu depuis mon adolescence ! On a passé plusieurs sas de sécurité gardés par des cerbères à tête pendulette, il m'a fait monter dans une jeep bleue et a demandé au chauffeur de nous emmener au « comptoir ». On est arrivés à un entrepôt gigantesque de la taille de plusieurs aéroports dont les murs étaient tapissés d'horloges. Il m'a dit :

« Vous voyez ces pendules. Elles sont toutes là : l'horloge interne de chaque habitant de la planète.

— Pourquoi, lui ai-je demandé, les aiguilles ne tournent-elles pas toutes à la même vitesse ?

— C'est une question d'espérance de vie. Plus elles sont rapides et plus leur propriétaire mourra vite. Regardez par exemple l'horloge de cet Américain du Nord, comme elle est lente par rapport à celle de ce Chinois. Malheureusement...

— Je peux voir la mienne ?

— La vôtre ? oh...

— Il y a un problème ?

— Non. Mais vous savez comment sont les enfants... toujours à toucher à tout. Mon fils l'adorait. C'était sa préférée. Hier, il l'a ouverte pour monter les aiguilles comme hélice sur sa maquette d'hélicoptère... En tout cas vous pouvez être fière de vous, depuis, l'engin vole tout seul. »

Homo, sweet homo

Quand on est gay, on a beau se répéter pendant des nuits entières qu'on s'aime qu'on s'aime Mon Dieu qu'on s'aime, on n'en arrive pas pour autant à faire un bébé. Les enfants, ça ne se glisse pas par l'oreille comme une déclaration d'amour. Alors on part en soleil de miel au Mexique ou en Inde et on se regarde avec des yeux qui tremblent comme deux feuilles de menthe. On ne peut pas faire plus. La biologie n'a pas prévu l'amour.

Il faut dire que les mentalités n'ont pas vraiment évolué depuis le PACS. Les gens pensent encore que c'est mauvais pour un gamin d'être élevé par des parents homosexuels – « Est-ce que ça ne risque pas d'en faire un pédé ? » On oublie que tous les gays ont été élevés par des hétéros.

C'est pour ça qu'il faut lutter. Les homos doivent avoir le droit d'adopter un enfant. C'est pas juste. D'ailleurs, ça ne devrait plus tarder. La preuve, le ministère de la Famille et de l'Enfance organise aujourd'hui, dans les arènes de Nîmes, des « Parentalies ». En d'autres termes, six couples homosexuels venus des Pays-Bas, où l'adoption est autorisée depuis le 1er avril 2001, vont faire la démonstration publique de leurs qualités de parents. Changer les couches, donner le biberon, faire faire le rot, pousser la poussette… tous les aspects de l'éducation seront couverts. Spectacle peu conventionnel s'il en est. Digne de l'Exposition coloniale de Paris en 1889. Mais s'il faut en passer par là…

Moi, avant ça, je n'avais jamais mis l'ombre d'un pied dans une arène. J'avoue que l'endroit est joli, même si les bancs en pierre sont froids. J'ai un frisson en pensant à ce qui passe habituellement ici.

D'ailleurs, premier couac en recevant le programme de l'après-midi : les lesbiennes sont complètement absentes du show. Les six couples en question sont des couples d'hommes. Hm. Le milieu homosexuel ne fait que reproduire le système phallocentrique hétéro.

Allez, gardons notre bonne humeur. Le soleil est brillant et puis la lutte est commune. Peut-être les organisateurs partent-ils du principe que les femmes n'ont pas besoin de démontrer leur talent de mère ?

En face de moi, le maire de Nîmes a pris place dans la tribune d'honneur. Il préside. À sa gauche, le ministre de la Famille et de l'Enfance, à sa droite, celui de l'Écologie et du Développement durable.

Dans les gradins se presse une foule assez homoclite. Deuxième couac. Cette journée aurait pu être l'occasion de convaincre les sceptiques, mais à part quelques touristes curieux d'assister à un spectacle bien français, seul les convaincus sont là. Les militants. Dommage. Il faut dire que même dans le milieu gay, l'adoption ne remporte pas l'unanimité.

Brouhaha solennel. Tout le monde est conscient de l'importance du spectacle qui va se dérouler ici, là, maintenant.

J'ai envie de pleurer.

Pas le temps. Il entre déjà dans l'arène. Le premier couple. Accompagné de quatre amis.

Les parrains. Symboliquement, c'est fort. Ils veulent nous montrer que l'enfant sera bien entouré, les pères auront des gens autour d'eux qui les conseilleront, les épauleront. Malgré moi, je ne peux pas réprimer un sourire. Pas de surprise. Des pédés. Ils sont pomponnés, brossés, parfumés, habillés de strass et de stress. De parfaits petits fans d'Abba. Ils sont plutôt mignons. Leur pantalon à paillettes moule des fesses rebondies comme deux boules disco posées côte à côte. Un pantalon tellement moulant qu'on devine dans leur poche à gauche leur porte-monnaie. Visiblement, il est bien rempli. Une protubérance énorme. Ostentation indécente à une époque où presque 20 % de la population française est au chômage. Qui sait. Peut-être qu'ils veulent profiter de l'occasion pour faire des rencontres ?

Mais voilà que les clarines annoncent l'entrée du bébé sur la piste.

Surprise. Il est noir !

Et puis il est presque aussi grand qu'eux !

Hm. J'imagine que les conditions d'adoption doivent être plus faciles en Afrique. Et ce couple hollandais a manifestement choisi d'adopter un adolescent. Au moins, un adolescent, ça ne chie pas partout.

L'orchestre sonne le début du spectacle.

Tout d'abord, le sextuor (père, papa et les quatre parrains) est censé nous montrer qu'ils sont capables de subvenir à l'un des besoins primaires de l'enfant : veiller à ce qu'il ne meure pas de froid.

Ce sont les parrains qui commencent. Ils ont un manteau dans les mains. Une sorte de ciré de marin réversible, jaune d'un côté et de l'autre (comme fait exprès), rose bonbon. Ils appellent le môme. L'enfant refuse de venir. Les parrains s'approchent, essayent de lui enfiler le manteau. Le gamin se courbe, rue, se défend et part sur un coup de tête. C'est normal, il n'est pas habitué, en Afrique, il fait chaud, il n'a jamais dû mettre un manteau de sa vie. La comédie continue. Les parrains courent après le môme, crient, lui ordonnent de venir immédiatement. Mais celui-ci arrive toujours à leur échapper. Moi, je ne comprends pas. Pourquoi ils veulent à tout prix lui mettre un manteau, il fait 40 °C ?

Je suis consternée par l'allure que prennent les évènements.

D'ailleurs, quand l'enfant fait mine de se soumettre, les parrains se comportent bizarrement. Ils l'asticotent, le font tourner en bourrique, « regarde, regarde un beau manteau », et à chaque fois que le gosse s'approche pour enfiler sa tête dans le ciré, ils le retirent in extremis.

Ça exaspère le public qui pousse des « olala » confus.

Là, père monte sur son grand cheval. Une bête de trait dont on a caché les yeux pour qu'il n'ait pas pitié du gamin. « Ça suffit ! » Il faut apprendre aux enfants à écouter. Il a une idée. Le problème vient peut-être d'ailleurs. Première leçon de propreté : il va lui nettoyer les oreilles avec un coton-tige très très long. Tellement grand qu'il a besoin d'être à cheval pour pouvoir le porter. Quelle horreur ! Moi, quand j'étais petite, je détestais qu'on me nettoie les oreilles. Un supplice. Il y avait toujours un moment où ma mère enfonçait trop fort le bâtonnet. Douleur insoutenable dans les tympans. Qu'a donc fait ce môme pour mériter un tel châtiment ? Bien sûr, lui, il ne se laisse pas faire, remue la tête de droite à gauche pour empêcher père de viser son oreille et celui-ci a beau le harceler, lui lancer des piques en public pour le faire rougir, rien n'y fait.

Et puis soudain, c'est le drame : un filet de sang gicle d'on ne sait où. Là, je comprends tout. Le gamin n'en est pas un. Non. C'est une *fille*. L'agitation et l'émoi ont provoqué l'apparition de ses premières règles ! Apparemment, elles sont douloureuses parce que la fillette se recroqueville sur elle-même. Ses pères sont bien embêtés. Ils ne savent pas quoi faire. Ils délibèrent une seconde puis papa semble avoir la solution. Il disparaît dans le callejon, revient et appelle sa fille en brandissant victorieusement deux tampons hygiéniques. Pourquoi deux ? Parce que la femme a *deux* trous ? Les gays ne comprennent rien à la morphologie des femmes.

Je ne sais pas où papa a dégoté ces tampons mais ils sont gigantesques. La petite prend peur et s'enfuit. Vu la taille des engins, moi à sa place, j'en ferais autant. Papa lui court après, arrive à la coincer, s'y prend comme un manche, veut effectivement introduire les deux tampons en même temps et rate évidemment son coup. Dans la lutte, les Tampax colorés restent accrochés aux cheveux de la gamine. C'est très joli. Des dreadlocks en laine. Père vient à la rescousse, muni lui aussi de deux tampons, mais il n'a pas plus de succès. Leur fille s'échappe encore et toujours. Ensuite, leur boîte doit être vide parce qu'ils laissent tomber.

La fillette continue à saigner. Flot ininterrompu de rouge fluoré-sang qui sur son flanc d'ébène scintille, dense.

Je regarde autour de moi et les gens n'ont pas l'air de s'émouvoir.

Je suis atterrée. Tout part en couilles. Pourquoi ? Peut-être à cause de la chapelle de l'arène à l'intérieur de laquelle trône une Sainte Vierge censée veiller aux spectacles qui ont lieu en son sein. Comme on le sait, l'Église n'est pas tendre avec ses brebis homosexuelles.

Dans les gradins, mon voisin m'explique qu'il a entendu dire que le show est truqué. La plupart des enfants présentés aujourd'hui ont les pattes « sciées », c'est-à-dire que leurs pieds ont été enserrés dans des sortes de sabots en bois trop petits. Chaque pas est une torture. Toute rébellion est impossible. D'ailleurs, selon lui, ils finiront tous par obéir sans broncher parce qu'ils sont bourrés de sédatifs, de neuroplégiques et de myorelaxants.

De plus, ils ont été soumis au « bistournage » : on les a rendus stériles en brisant, sans anesthésie, l'utérus ou les canaux spermatiques par torsion au moyen d'une pince. Pour qu'ils ne puissent pas se reproduire s'ils deviennent à leur tour homosexuels ?

Mais la gamine semble indestructible.

Père revient à la charge. Tour de passe-passe. Le manteau du début a fait place à une énorme bavette rouge que père essaie d'accrocher au cou de l'effrontée. Il s'y voit déjà. À table ! Une cuillère pour papa, une cuillère pour… Mais nouvelle erreur. Leur fille est grande, plus question qu'on la traite comme un bébé. Elle repousse le bavoir, s'échappe, détale, se fait de marbre noir. Farouche enfant africaine. « Bravo ! » crie le public.

Pas question non plus pour père de se laisser faire. Chaque coup de tête de sa fille représente une lésion d'honneur. Il la traque et la traite de plus belle, arrive à la saisir par le cou, la secoue brutalement, puis lui fiche de force une fourchette en argent dans la bouche. Aïe, ça pique ! La môme serre les dents, emprisonne le couvert puis le lui arrache des mains. Puisque c'est comme ça, père récidive avec une cuillère, pouah ! grimaces, l'insolente recrache la soupe de tomate qui lui dégouline le long des babines. Elle en fout partout. Père la regarde exaspéré. Il appelle papa et les parrains à la rescousse. Ce qui est sûr, c'est qu'elle va se faire tirer l'oreille. La fillette semble hébétée par l'acharnement de ses parents. Estomaquée. Elle n'en peut plus. Elle chancelle. Sa respiration devient difficile. Les six réussissent enfin à la maîtriser et la garrottent. Puis ils la traînent dans sa chambre. Au lit sans manger. Le public, compatissant, lui dit au revoir en agitant des mouchoirs blancs comme devant un train qui part.

Des hommes de ménage viennent avec des balais pour effacer les traces de sang et on ouvre la porte du toril à la victime suivante.

Michael (2)

Sois belle et tais-toi. Sois belle et tais-toi ! Voilà ce qu'Elle entend depuis qu'Elle est toute petite. Forcément, ça déstabilise. Alors elle y a cru. A foncé tête baissée dans ces clichés de la femme objet. Stupide. Vraiment.

Sa tête a explosé. Oui, Elle n'a pas remarqué qu'on attendait d'Elle l'impossible, oui, Elle a été victime de la pression sociale, oui, du chantage des hommes et même de celui des femmes, oui. Elle a cru que son corps était puzzlable. Elle a tenté de le modeler. Voilà le résultat. Une femme, sans queue ni tête.

Mais reprenons.

C'est son psychiatre qui lui en a parlé : *Bille en tête*, clinique spécialisée dans la greffe de tête.

Elle s'y est rendue.

La clinique n'avait rien de particulier. Une salle d'attente, comme dans toutes les cliniques. Des magazines people sur une table basse, comme dans toutes les salles d'attente. Et des gens dont on essaie de deviner de quoi ils souffrent, comme dans tous les magazines people.

Après quelques heures, elle savait déjà l'histoire de chacun de ses camarades d'attente. Jean-Yves était tombé amoureux d'un homme qui lui avait tourné la tête pour la dévisser et la clouer comme un trophée sur son tableau de chasse. Denis certifiait qu'il ne l'avait jamais vraiment perdue – il avait toujours eu la tête ailleurs. Il voulait juste savoir où. Vincent disait avoir perdu la boule parce que sa femme l'avait pris pour un cornet de glace (elle devait l'avoir trop sucé, mais il ne l'a pas dit). Odile, joueuse professionnelle de water-polo, avait eu la tête brûlée en sautant du plongeoir alors que le bassin était vide. Quelques jours plus tard, elle avait piqué une tête dans la piscine, mais on l'avait prise en flagrant délit. Elle venait de sortir de prison. Les deux derniers, Isabelle et Martial, avaient perdu la face pendant une partie de jambes en l'air ; lui, une tête de con, elle, une tête à queue, ça devait finir. Mal.

Et puis les autres : ceux qui s'étaient cassé la tête en essayant de résoudre des problèmes familiaux ou professionnels. Ceux qui avaient tout plaqué sur un coup de tête – un coup franc. Ceux qui étaient tombés dessus et l'avaient mise en miettes. Ceux qui s'étaient mis marteau en tête et l'avaient réduite en bouillie. Certains avaient juste perdu la leur en vieillissant. D'autres avaient donné la leur à couper, et s'étaient trompés. Les derniers enfin, surtout des mères, sur la tête desquelles on avait juré.

Tous se traînaient là, hagards. On aurait dit des hallucinés, et en les voyant, on était bien content d'avoir toute sa tête sur les épaules.

Quand tout le monde a eu raconté son histoire, la doctoresse est entrée dans l'immense salle d'attente. Elle s'est raclé la gorge, a posé un papier en face d'elle et s'est mise à lire à haute voix.

« Cher amis, Vous avez frappé à la bonne porte ! Quand je vois devant moi tous ces corps sans têtes, je suis plus que jamais convaincue de la noblesse de ma tâche, car personne, vraiment, ne peut vivre ainsi, errant, sans chef ni rien pour le couvrir. Nous ferons tout ce qui est en votre pouvoir, oui, tout, pour sortir de l'impasse dans laquelle vous vous trouvez bla bla bla. »

Puis elle a fait venir à côté d'elle un homme qu'elle a présenté comme un ancien client. Il portait une belle tête de lecture qu'il a mise à profit pour lire ce que la doctoresse lui indiquait du doigt : il remerciait infiniment *Bille en tête* de lui avoir permis de retrouver un si beau faciès et pour sa plus grande fierté (la clinique aspirant à rendre les hommes et les femmes autonomes), il se l'était montée lui-même ! Puis il a salué la doctoresse et a regagné sa place la tête haute. Tout le monde l'applaudissait. La doctoresse a repris la parole, s'est re-raclé la gorge et a expliqué que contrairement à ce qui venait d'être dit… ils avaient eu récemment quelques petits problèmes (il y a eu un silence, personne n'a osé demander quoi)… ils ne voulaient plus prendre de risques… c'est donc un médecin qui monterait la leur. Mais une tête parfaite devait aussi être bien pleine ! Après l'opération, ils devraient sortir et attraper toutes les idées qui passaient derrière la tête des passants pour se les fourrer dans le crâne. Ils allaient également essayer de capter des chansons à la radio, ainsi que toutes sortes d'images à la télévision ou sur les panneaux publicitaires – les slogans, c'est bien mieux, on s'en souvient en moins de deux. Ils termineraient enfin ce bourrage de crâne par un méticuleux lavage de cerveau. Toutefois elle les mettait en garde : l'abus de plomb dans la cervelle donne la grosse tête !

Elle a terminé son allocution en assurant qu'ils retrouveraient tous d'ici peu leurs chères têtes blondes, brunes ou rousses. Et que s'ils étaient d'accord, ça pouvait commencer. Bien sûr, tout le monde était d'accord, ils étaient venus pour ça. Mais ce n'était pas le moment de faire passer la docteresse pour une conne.

Un infirmier est resté et leur a expliqué la procédure. Les plus riches pouvaient se payer la tête qu'ils voulaient. Il tenait d'ailleurs à les informer que certaines personnalités du show-business avaient fait don de la leur, signée (sur la nuque). C'est ainsi qu'on avait pu voir récemment Elvis Presley à Paris (ce qui avait alimenté la rumeur selon laquelle il n'était pas mort), Claude François et même Michael Jackson ! Il les priait de se rendre directement dans le cabinet du chef pour décider du meilleur postiche à adopter. Les pauvres, quant à eux, pouvaient choisir parmi les modèles que la clinique mettait à leur disposition. Cependant, les médecins étaient ouverts à toutes propositions. Ils pouvaient tout à fait envoyer des chasseurs de têtes, payés à la tête du client, patrouiller dans la ville.

Ensuite, l'infirmier a fait passer un catalogue tactile avec plusieurs modèles. Têtes de mules, têtes de cochons, têtes de pioches, têtes de veau, de pipes, au carré, de linotte, nucléaires, de ligne, d'épingle, de lard, froides... Pour ceux d'entre eux qui désiraient quelque chose de plus commun, il proposait aussi des têtes de série. En dessous de chacune, le prix était inscrit. La plus chère, c'était la tête couronnée. La moins chère, la tête d'ail – un modèle d'été (l'ail étant mauvais pour la laine, il fallait éviter de la porter sur un pull).

Martial a voulu garder sa tête de con, par contre Isabelle préférait une tête de nœuds. Après réflexion, Martial a pris la tête du mouvement. Odile, une tête d'avance. Denis (la tête en l'air) s'est décidé pour une tête de veau, mais ça a tourné au vinaigre et il a déguerpi avec une tête pressée. Jean-Yves s'est pris une tête à claques et Vincent, une tête d'œuf.

Elle a choisi une tête de liste et une d'allumage. Elle avait toujours rêvé d'être bicéphale.

Les jours suivants, ils les passèrent à fignoler les détails, corriger les petites imperfections. Certains, par exemple, avaient une tête de six pieds de long qu'il fallait aplatir. D'autres une tête d'affiche qu'il fallait gonfler. Ils devaient également se familiariser avec leurs nouveaux cheveux – des crins de chevaux filés puis teints. Les femmes passaient leur temps à se crêper le chignon avec application. Les hommes se cherchaient les poux ou se faisaient des cheveux blancs afin de parfaire leurs tempes grisonnantes. Chaque matin, ils se coupaient l'un l'autre quelques touffes en quatre puis se les collaient sous les aisselles et sur le pubis (l'ablation de l'hypothalamus les avait rendus imberbes).

En sortant de la clinique deux semaines plus tard, Elle s'est mise à courir dans la rue et à sauter et à embrasser les passants – un bisou en même temps sur chaque joue avec ses deux nouvelles bouches.

— Ça va pas la tête ? lui a demandé en s'essuyant la pommette un rappeur qui rappait par là.

— Si, je les adore ! a-t-Elle répondu. Et toi, tu me trouves comment ?

— Honnêtement, mademoiselle, au vu de tes deux occiputs… Je sais pas vraiment…

Là, pour le coup, Elle s'est arrêtée de courir.

— Quoi ?! Je me suis cassé la tête à vouloir plaire, j'ai passé un mois dans une clinique à essayer de réparer les dégâts pour m'entendre dire « Je sais pas vraiment » ?

— Ben ouais, je sais pas, quoi… Hé ! a-t-il soudain ajouté, inspiré, en bougeant la main :

En vérité, ma sœur, je te le dis et le dédie
à toutes celles, pucelles en cellules qui y croient,
le bourgeois te crie : « Sois belle et tais-toi ! »
Moi je m'écrie avec pure joie :
« Sois toi et t'es belle ! »
Yo

Plein le dos

Je ne sais pas quand c'est arrivé. ça doit être quand on est sortis du musée. Là-bas, il était encore derrière moi. C'est en traversant la rue que je me suis rendu compte qu'il avait disparu. Nico. Comme Alex. Lui, il avait voulu me faire la fameuse blague du « Qui c'est ? » en me cachant les yeux. Il a juste eu le temps de dire « qu... », puis j'ai senti ses mains qui essayaient d'agripper mon visage, mais elles ont glissé et pouf, plus là !

J'ai une idée floue qui me fout les foies.

J'ai fait venir le médecin. Comme je m'y attendais, il m'a dit que j'avais un problème (oh, oh). Cependant, il a ajouté que je ne devais pas m'inquiéter. Beaucoup de femmes, vers 50 ans, deviennent trou noir. C'est normal. Hormonal. Il m'a dit aussi que nombre d'entre elles ne supportent pas et font une dépression. Il faut que je sois forte. Ce n'est qu'un climatère. C'est courant. Et même si ça ne se guérit pas, c'est possible de vivre avec.

« Si c'est si courant, pourquoi je n'en ai jamais entendu parler ? »

Il m'a assuré qu'il y a beaucoup de choses dont on n'entendait pas parler, que les informations restaient bien souvent entre les mains des spécialistes, qu'il n'y avait pas vraiment mise en commun des savoirs ni des connaissances. Récemment, par exemple, les responsables de l'aménagement de la ville ont décidé de planter des petits sapins entre les deux voies de circulation d'une des artères principales sans consulter les professionnels de la sécurité routière et résultat, on ne voit plus quand une voiture déboule de la gauche, c'est très dangereux, d'ailleurs les diplomates ne collaborent pas avec les anthropologues et tout ce qui nous passe sous le nez sans…

— Oh, oh, oh ! (commençait à m'énerver ce docteur). Ça veut dire quoi tout ça ?

— Ça veut dire que vous faites disparaître

tout ce qui se trouve derrière vous à une distance de 40 cm.

— Gö... mais pourquoi ?

— Vous êtes devenue « trou noir ». Un corps qui exerce une attraction tellement forte qu'il n'émet aucun rayonnement mais aspire tout ce qui s'approche de lui.

— Ça veut dire que je n'ai absolument aucun charme mais que personne ne me résiste ? Et que tout le monde ferait mieux de me fuir ?

— C'est à peu près ça.

— Et qu'est-ce que je dois faire ? !

— Lisez ce prospectus.

Mesdames,

Passé la cinquantaine, l'hypothalamus produit chez certaines femmes une surcharge de progestérones. Cet excédent d'hormones sexuelles provoque une attraction si forte sur tous corps chauds se trouvant à proximité que ceux-ci sont immédiatement absorbés et désintégrés, sans plus avoir la possibilité de se recomposer par rayonnement. À l'heure actuelle, il n'existe aucune prophylaxie ni aucun soin curatif. Cependant, une fois les symptômes apparus, les femmes touchées par cette maladie peuvent prendre quelques précautions afin de continuer à mener une vie normale. Bien sûr PERSONNE N'EST À L'ABRI D'UNE MALADRESSE OU D'UN OUBLI *(vous non plus). Mais souvenez-vous de ces quelques conseils :*

1. PRÉVENEZ VOTRE ENTOURAGE !

Même s'il est difficile de faire l'aveu de son âge, et contrairement à d'autres signes qui ne trompent pas (lunettes à double foyer, calvitie, dentier), LE TROU NOIR N'EST PAS VISIBLE : VOS PROCHES ONT LE DROIT D'ÊTRE INFORMÉS DU DANGER QU'ILS ENCOURENT À SE TROUVER DERRIÈRE VOUS ! *Ils éviteront ainsi d'eux-mêmes les situations à risque. Prévenez par exemple votre conjoint qu'il ne doit pas essayer de vous faire un enfant dans le dos (ça ne marche pas). Dites à vos parents de ne plus être constamment sur votre dos (il n'y a pas d'âge pour ça). Avertissez toute personne susceptible de vous casser du sucre sur le dos (même du sucre candi) (collègue de bureau, voisin de palier, ami hypocrite) des risques encourus. Si malgré vos avertissements, ils persistent,* NE LEUR TOURNEZ PAS LE DOS !

2. LA RÉALITE NE SE LIMITE PAS À VOTRE CHAMP DE VISION

N'oubliez pas qu'il existe un monde derrière

vous. Entraînez-vous à visualiser mentalement le dossier de votre chaise, la porte, la plante, les arbres, la route, les gens dans la queue à la caisse. Lorsque vous entrez dans une pièce, EFFECTUEZ UN RAPIDE BALAYAGE VISUEL DES LIEUX ET REPÉREZ LES OBJETS QUI POURRAIENT ÉVENTUELLEMENT SE RETROUVER DERRIÈRE VOUS LORSQUE VOUS VOUS AVENTUREREZ PLUS AVANT. *Gardez constamment la configuration du lieu à l'esprit et* ÉVITEZ DE PASSER TROP PRÈS DES OBJETS. NE JOUEZ PAS AVEC LE FEU! *Pour vous faciliter la tâche et éviter tout accident,* FAITES-VOUS POSER SUR L'ÉPAULE UN RÉTROVISEUR DE VOITURE *(ou de moto). Jetez-y régulièrement un coup d'œil et assurez-vous que personne ne vous approche de trop près. De plus,* SOYEZ ATTENTIVES AUX BRUITS ET CHANGEMENTS DE TEMPÉRATURE : *ce sont de précieux alliés pour déceler la présence de quelqu'un.*

Lorsque vous sortez (au restaurant, au cinéma, dans un café), MUNISSEZ-VOUS D'UN PETIT BANC PLIANT EN TOILE ET ASSEYEZ-VOUS DANS LE FOND DE LA PIÈCE, DOS AU MUR, AVEC UN INTERVALLE D'AU MOINS UN MÈTRE. *Attention : l'espace entre vous et le mur ne doit permettre à personne de passer!*

En ce qui concerne vos vêtements, CHOISISSEZ DES DOS NUS. *Si vous n'avez plus rien à vous mettre sur le dos, ne vous inquiétez pas : le trou noir absorbe tant la chaleur que le froid, vous n'aurez à craindre ni la pluie ni les coups de soleil.*

3. N'ENDOSSEZ PLUS AUCUN CHÈQUE,
NI LA RESPONSABILITÉ DE VOS ACTES,
NI L'UNIFORME,
NI LA MATERNITÉ DE VOS ENFANTS
(même légitimes).

4. N'ATTENDEZ PAS D'ÊTRE DOS AU MUR
POUR PRENDRE UNE DÉCISION !

5. NE VOUS SOUS-ESTIMEZ PAS
ET NE BAISSEZ JAMAIS LES BRAS, MESDAMES,
N'oubliez pas :
VOUS N'ÊTES PAS QU'UN TROU !

Note :

L'auteure s'excuse de la brièveté de son récit (elle a fait disparaître les huit cent dernières pages de son manuscrit – les meilleures – en se retournant à sa table de travail).

Note de l'éditeur :
Elle a bon dos, celle-là !

Remerciements

Merci à Annie Bessert pour son collier en bois, à Anne Brière pour l'arche du monde, à Anneliese Klier-Chaumond pour la pensée des autres, à Brune de Flynes de la part de Delphine, à Marie-Laure Delpuech pour l'eau chaude, à Charlie D'haene pour « tu restes la même », à Denis Dottel pour les deux brosses à dents, à Pierre-Emmanuel Finzi pour s'être remis à l'allemand !, à Fren pour le féminisme, à Alain Jadot pour les fleurs dans la peau, à Andreas Jandl pour son admiration sans borne, à Odile Kennel pour son « suivi des modifications », à Anne Klemm pour le ballon, à Elke Kinateder-Michot pour le chemin et la cheminée, à Peter Knauer pour pour trop de choses, à Anna Lienert pour la petite fille, à Stéphanie Lux pour son monsieur l'éboueur, à Mar pour m'avoir retrouvée, à María pour la ruelle exceptionnelle, à Aurélie Maurin pour ses conseils si judicieux et son riiire, à Nicolas Méreau pour les piqûres de mystique, à François-Valéry Moneaux pour m'avoir donné les clés de l'armoire, à Astrid Monet pour très bientôt, à Cécile Montpellier pour son incroyable fidélité, à Ivan Murovec pour la sueur des ballerines, à mais où est donc Jean-Pierre Ostende, à Pepe pour l'écrivaine, à Guilaine Royer pour le bisou, à Alexis Setfaoui pour la première fois, à Charlotte Si-mo-nard pour son harmonie, à Lorédana Tesoro pour sa pitite voix et son visage de lutin, à Gérald Touillon pour le putain d'exemple à suivre, à Christophe Trehet pour m'avoir fait rire avec mes

propres textes, à Dominique Van Ham pour le pique-nique, berci à Vincent pour Cilou, à Julie Weirich pour son évidence, à Monika Zänker pour son panier en osier, à Norbert Zänker pour avoir retrouvé mon portable, aux üblichen Verdächtigen de s'être assis en cercle, à ma mère pour son amour absolu, à mon père pour sa confiance inébranlable, à Stéphanie pour la voiture du parc, à Jean-Philippe pour dans les yeux sa tendresse et Anne pour « je suis fière de toi ».
Vraiment.

Et puis à Marion Mazauric pour m'avoir donné le droit d'être de bonne humeur
et à Mandy pour sa patience !

Déjà parus
AU DIABLE VAUVERT

JUAN MIGUEL AGUILERA, *La Folie de Dieu,* roman, Prix Imaginales 2002, Prix Bob Morane étranger 2002
Rihla, roman

AYERDHAL, *Chroniques d'un rêve enclavé,* roman
Le Chant du Drille, roman
Transparences, roman, Grand Prix de l'Imaginaire 2005,
Prix du polar Michel Lebrun 2004

PIERRE BORDAGE, *L'Évangile du Serpent,* roman, Prix Bob Morane 2002
L'Ange de L'Abîme, roman

POPPY Z. BRITE, *Self made man,* nouvelles
Plastic Jesus, roman
Coupable, essai
Petite cuisine du Diable, nouvelles

OCTAVIA E. BUTLER, *La Parabole du semeur,* roman
La Parabole des talents, roman

SIMON CASAS, *Taches d'encre et de sang,* récit

DOUGLAS COUPLAND, *Toutes les familles sont psychotiques,* roman
Girlfriend dans le coma, roman

TONI DAVIDSON, *Cicatrices,* roman
Intoxication, anthologie

YOUSSOUF AMINE ELALAMY, *Les Clandestins,* roman, Prix Atlas 2001

JAMES FLINT, *Habitus,* roman
Douce Apocalypse, nouvelles

CHRISTOPHER FOWLER, *Démons intimes,* nouvelles
NEIL GAIMAN, *Miroirs et fumée,* nouvelles
American Gods, roman, Prix Hugo 2002, Prix Bram Stoker 2002, Prix Locus 2002, Prix Nebula 2003, Prix Bob Morane 2003
NEIL GAIMAN et TERRY PRACHETT, *De bons présages,* roman
WILLIAM GIBSON, *Tomorrow's parties,* roman
Identification des schémas, roman
STÉPHANE GUIGNON, *&,* roman
THOMAS GUNZIG, *Mort d'un parfait bilingue,* roman, Prix Victor Rossel 2001, Prix Club Med 2001
Le Plus Petit Zoo du monde, nouvelles, Prix des Éditeurs 2003
NORA HAMDI, *Des poupées et des anges,* roman, Prix Yves Navarre 2005
NORA HAMDI et VIRGINIE DESPENTES, *Trois Étoiles,* BD
ANDRÉS IBÁÑEZ, *Le Monde selon Varick,* roman
AÏSSA LACHEB-BOUKACHACHE, *Plaidoyer pour les justes,* roman
L'Éclatement, roman
LOUIS LANHER, *Microclimat,* roman
Un pur roman, roman
PHILIP LE ROY, *Le Dernier Testament,* roman
YOUCEF M.D., *Je rêve d'une autre vie,* roman
Le Ghost writer, roman
JAMES MORROW, *En remorquant Jéhovah,* roman
Le Jugement de Jéhovah, roman
La Grande Faucheuse, roman
Le Dernier Chasseur de sorcières, roman
CÉCILE MOULARD, *Mail connexion,* essai
DEE DEE RAMONE, *Mort aux Ramones!* autobiographie
VINCENT RAVALEC, *Une orange roulant sur le sol d'un parking,* poème
VINCENT RAVALEC, MALLENDI et A. PAICHELER, *Bois Sacré, initiation à l'iboga,* document
NICOLAS REY, *Treize minutes,* roman
Mémoire courte, roman, Prix de Flore 2000

Un début prometteur, roman
Courir à trente ans, roman
RÉGIS DE SÁ MOREIRA, *Pas de temps à perdre,* roman, Prix Le Livre Élu 2002
Zéro tués, roman
Le Libraire, roman
ALEX SHAKAR, *Look sauvage,* roman
CHARLES SILVESTRE, *La Torture aux aveux,* document
MATT THORNE, *Images de toi,* roman
MATT THORNE et NICOLAS BLINCOE, *Les Nouveaux Puritains,* anthologie
CORALIE TRINH THI, *Betty Monde,* roman
MICHAEL TURNER, *Le Poème pornographe,* roman
TRISTAN-EDERN VAQUETTE, *Je gagne toujours à la fin,* roman, Prix Goya 2003
SERGE VELAY, *Embrouilles dans la scribouille,* pamphlet
ALEX WHEATLE, *Redemption Song,* roman
MARTIN WINCKLER, *Contraceptions mode d'emploi,* document
JOËLLE WINTREBERT, *Pollen,* roman, Prix Rosny-Aîné 2003

Impression réalisée sur CAMERON par

BRODARD & TAUPIN
GROUPE CPI

La Flèche
en mars 2005

Imprimé en France
N° d'impression : 29314
Dépôt légal : mars 2005
ISBN : 2-84626-076-1